T0198850

الواقع البشري والسياسة

د. تيسير نجم الدين الناشف

أوثر هاوس

THE HUMAN REALITY AND POLITICS

Taysir Najm Nashif

authorHOUSE®

AuthorHouse™ LLC
1663 Liberty Drive
Bloomington, IN 47403
www.authorhouse.com
Phone: 1-800-839-8640

Published by AuthorHouse   08/10/2013

ISBN: 978-1-4918-0809-2 (sc)
ISBN: 978-1-4918-0808-5 (e)

المحتويات

المقدمة

يشتمل المؤلف الذي بين أيدينا على مقالات تتناول مختلف التغيرات الفكرية والاجتماعية والثقافية والسياسية الحاصلة خلال العقود الثلاثة المنصرمة في العالم الثالث، وعلى وجه الخصوص البلدان العربية. ما فتئت الشعوب النامية تعاني من تغيرات تشكل تحديات مصيرية في مختلف المجالات، ومنها في المقام الأول الاقتصاد والفقر والتخلف وتدهور حالة البيئة وتردي وضع المرأة وتزايد أثر وسائط الاتصال الالكتروني في سلوك الفرد والجماعة والدولة وتزايد ضعف الدولة حيال اشتداد تأثير ضغوط العولمة وتزايد قوة الحملة التي تشنها بعض الدول الغربية على الثقافة العربية والإسلامية وتزايد الضعف السياسي العربي وازدياد اتساع الفجوة بين الحكام والشعوب. وتواجه الدولة والمجتمع الناميان مشاكل كثيرة منها تدني وضع المرأة وقيام النظام الذكوري الأبوي وانعدام قدر كبير من الحرية الفكرية والسياسية والأثر السلبي للغزو الثقافي والتبعية للغرب وإهمال التراث العلمي والفلسفي العربي والإسلامي والمطامع الأجنبية بالثروات العربية وتعرض الخصوصية العربية، شأنها شأن خصوصيات أخرى، لضغوط داخلية وخارجية أفقدتها قدرا كبيرا من سماتها والغلو في النزعة الفردية. في ارتفاع نسبة الأمية وتدني الأجور وتردي مستويات الدراسة الجامعية وتبديد الثروات ونهبها والحرمان والخضوع للسيطرة الأجنبية والنقص في اكتساب العلوم والتكنولوجيا الحديثة وفي تطبيقها وانعدام قدر كاف من الحرية الفكرية وغيرها.

والتناول، الذي هو وصفي وتحليلي وتفكيكي ونقدي، لازم في تناول المشاكل والتحديات التي تواجهها الشعوب النامية. وهذه العلل تركة ناجمة عن أسباب داخلية وخارجية متفاعلة دامت قرونا. وثمة أيضا ظواهر مقلقة من قبيل الانغلاق الفكري وعدم الوعي بما يكفي بدينامية الظواهر الثقافية والاقتصادية والنفسية بين الشعوب النامية. ونظرا إلى أن هذه العلل ذات طبيعة معقدة، بسبب كثرة العوامل في نشوئها، لا مناص من أن يكون تناولها مثارا للخلاف. ولهذه التغيرات مردودات سلبية على البلدان النامية.

ولا تقتصر هذه العلل على البلدان النامية. إنها منتشرة في جميع أنحاء المعمورة. بيد أن هذا الانتشار يتفاوت بين شعب وآخر، وبين قارة وأخرى، وبين ثقافة وأخرى. ويبدو أن انتشار هذه العلل بين الشعوب النامية أكبر منه بين الشعوب المتقدمة النمو، وعلى وجه الخصوص أوروبا الغربية وأمريكا الشمالية.

ولا يمكن الإسهام في تحقيق معرفة أفراد الشعب لواقعهم المزري وفي انتشالهم من ورطتهم إلا بالتناول الصريح غير المقيد. وابتغاء اكتساب المعرفة من اللازم توخي النقد في مختلف المجالات. عن طريق ممارسة النقد تمكن معرفة الذات والواقع وتحقيق التقدم ولعل من الممكن تحديد مدى مراعاة الظروف التاريخية.

ومن المنظورين القومي والإنساني تجب إزالة حالة التخلف والضعف للبلدان النامية ويجب الإتيان بوسيلة أو آلية لتحقيق هذه الإزالة.

والمنطلق الرئيسي في هذه المقالات هو أنه من الصعوبة البالغة تحقيق التقدم والنهضة الفكرية والثقافية والاجتماعية والسياسية دون توفر ظروف معينة، منها الأخذ بالنظام الديمقراطي السياسي والاجتماعي وإقامة وتعزيز المجتمع المدني بوصفه وسيلة من وسائل الحفاظ على النظام الديمقراطي وإيجاد مساحة كبيرة من الحرية الفكرية في مختلف مجالات

الدولة والمجتمع. ويرى المؤلف أن من اللازم مراعاة الظروف الاجتماعية التاريخية في إضفاء الطابع المؤسسي على مفاهيم من قبيل الأخذ بالديمقراطية والنهوض بالمجتمع المدني وأن إيجاد هذه المساحة من شأنه أن يتطلب رفع الهيئات الحكومية لعتبة تحملها للآراء المختلفة والمتحفظة والمنتقدة والمخالفة. والحاجة إلى توفر الحرية الفكرية تتطلب أن يكون لدى الناس، ومنهم ذوو الرأي المعرب عنه، من قبيل الكتاب والمثقفين والمفكرين والناشطين في المجال السياسي والاجتماعي، اعتبار في المجتمع والدولة.

ولتعزيز معرفة طبيعة العلاقات الاجتماعية من الضروري معرفة حجم دور العامل السياسي في تلك العلاقات. وفي قسم من الكتابات العربية يقع لبس في استعمال كلمتي "السياسة" و"السياسي". يسبب ذلك اللبس سوء الفهم للواقع الاجتماعي والاقتصادي والسياسي.

والفكر الوارد في هذا الكتاب نتاج مكابدة التطورات على ساحة العالم العربي والساحة الدولية، وداخل الأمم المتحدة وخارجها في مختلف الميادين. وبالنظر إلى أن المؤلف دبج هذه المقالات وهو شاهد لتلك التطورات فإن هذه المَشاهد عامل في جعل تناول المسائل المطروحة أكثر مباشرة وصلة بها. ونظرا إلى أهمية التغيير والتطوير بالنسبة إلى مستقبل الشعوب النامية فليس في وسع هذه الشعوب ومتخذي القرار في صفوفها ألا ينصرفوا إلى دراسة مسائل الحداثة ودَور العِلم والديمقراطية والحرية الفكرية والتوجّه العملي.

وبهذا الكتاب يهدف المؤلف إلى إزالة الخطأ الفكري المنتشر المتمثل في أن البحوث الاجتماعية والنفسية تتسم بالموضوعية الكاملة. ولن يمكن القضاء على وجوه التخلف التي تعاني الشعوب منها إلا بإدراك الطبيعة النشيطة للعلاقات والظواهر البشرية التي تؤدي بطبيعتها وظائف في جميع مجالات السعي البشري.

وليس المقصود بالوعي الإدراك فحسب ولكن يقصد به أيضا قرن الإدراك بالعمل الذي يتضمنه ذلك الإدراك. ويمكن تحقيق الوعي بوسائل من أهمها إعمال الفكر النقدي الذي يتطلب التعريف الدقيق للمفاهيم. ونظرا إلى دينامية المفاهيم يجب الأخذ بالنهج الفكري النقدي التفكيكي الذي هو أشد مراعاة لهذه الدينامية. إن الفكر النقدي التفكيكي يؤدي إلى الانفتاح الفكري الذي يغير الموقف. ويؤدي ذلك التغيير إلى تغيير السلوك وتحقيق الحوار الفكري. ويشمل هذا الكتاب عددا من المقالات التي تأخذ بهذا النهج.

وإحدى نقاط الانطلاق في هذا الكتاب – كما هو الأمر في كتب أخرى منشورة من كتبي – هي الاعتقاد بوجود نشاط (دينامية) الفهم البشري للظواهر في مختلف المجالات – الثقافة والدراسات السياسية والنفسية والاقتصاد والأدب وغيرها – وبأنه يقوم بين ذلك الفهم وتلك الظواهر تأثير متبادل وتفاعل على نحو مستمر رغم وجود الظواهر في مجالات متعددة. والظاهرة التي تكون نتيجة عن تفاعل ظواهر تكون هي أيضا عاملا في نشوء ظاهرة أو ظواهر أخرى تكون في مجالها و/أو مجالات أخرى. وبتفاعل العوامل المختلفة يحدث التأثير والتغيير. وابتغاء تحقيق التغيير في مجال ينبغي إدخال التغيير في مجالات أخرى. ومن أجل فهم الحالة الاجتماعية ينبغي الوعي بهذه الدينامية.

هذه الظواهر كلها تسهم في إحداث الحالة الاجتماعية وفي تغييرها. بيد أن الظاهرة السياسية المنطوية على ممارسة التأثير هي أشد الظواهر أثرا في إحداث الحالة وفي تغييرها. وفضلا عن تفاعل عوامل النهضة فيما بينها وعوامل التخلف فيما بينها تتفاعل العوامل من المجموعتين فيما بينها. ومن أجل تحقيق النهضة المنشودة ينبغي العمل على ضمان أن تكون نتيجة هذا التفاعل تعزيز أثر العوامل المفضية إلى النهضة.

ولا يستبعد هذا النهجُ الشمولي النهجَ التاريخي والنهج النفسي والنهج الاقتصادي والنهج البنيوي-الوظيفي في فهم وتفسير الظواهر الاجتماعية. في السعي إلى فهم وتفسير الظواهر يستفيد نهج دينامية العوامل في دراسة الظواهر من تلك النُّهج مع إدراك أن الظاهرة لا يمكن أن تعرف معرفة تامة أو أن تُفسر تفسيرا تاما بالاستعانة بنهج ذي بُعد واحد فقط.

ونظرا إلى نشاط (دينامية) الحالة الاجتماعية والنفسية والثقافية والحضارية والفكرية والعقلية والعاطفية فإن من المستحيل اكتساب المعرفة الدقيقة التامة لهذه الحالة. ومن منطلق هذا النهج الدينامي التفكيكي من الصعوبة البالغة أحيانا كثيرة معرفة البدايات والنهايات . وبالتالي لا بد من أن يكون التعسف أحيانا أحد العوامل في اعتبار الدارس للبداية والنهاية.

ومما ينظم هذه المقالاتِ وغيرها الإشارةُ إلى الحاجة إلى إدراك ومراعاة نسبية المفاهيم من قبيل الحداثة والنهضة والديمقراطية والإثراء والتغيير والسياسة في معالجة الظواهر.

وتحقيق النهضة لا يعني التنكر لكل جوانب التراث والتاريخ ولا يعني قبول كل الجوانب الثقافية الغربية ولا يعني إهمال الخصوصية الثقافية.

ولدى الناس عموما نقص في معرفة أحوالهم بسبب نظرتهم التي تتسم بقدر من اللاواقعية والرومانسية. ومن ملامح هذه النظرة الاعتقاد بالموضوعية التامة للعلوم الاجتماعية وعدم الإقرار بنسبية الصفات والقِيم وعدم مراعاة تعدد العوامل وديناميتها في الظواهر الاجتماعية. ولن تتغلب الشعوب النامية على مشاكلها أو لن تقلل منها دون أن يتجسد في مواقفها ووجوه سلوكها في مختلف المجالات الوعيُ بنسبية المفاهيم وباختلافها من ناحية التجرد والتحدد، والوعي بوهم تناقض بعض المفاهيم، والوعي بعدم وجود الكمال في الحياة البشرية.

وتشيع لدى العرب – شأنهم شأن الشعوب الأخرى – أوهام. ويدل هذا الشيوع على نقص المعرفة والعجز عن فهم العالم المحيط بهم. وبهذه الأوهام يفقد المرء قدرا من حريته وحرية اختياره وقدرا من مسؤوليته وتخطيطه وتنفيذه.

وثمة مشاكل في محاولات التناول الفكري لقضايا المجتمعات والشعوب ابتغاء علاجها وحلها. وقسم كبير من هذه المشاكل يتعلق بالسلوك الدماغي. وإحدى هذه المشاكل أن الدماغ الذي هو أداة التناول الفكري لهذه القضايا يبدو أنه ليس قادرا على أن يدرس نفسه. إن كثيرا من المسائل البشرية لا يتعلق بسلوك البشر الفكري فقط ولكن يتعلق أيضا بسلوكهم العقلي والدماغي. والتغيير الفكري أقل صعوبة من التغيير العقلي. ويستغرق التغيير العقلي وقتا أطول كثيرا من الوقت الذي يستغرقه التغيير الفكري.

تيسير نجم الدين الناشف

نيوجيرزي، 1 نيسان/ابريل 2013

12

الفكر والسياسة والواقع

مما يسهم إسهاما كبيرا في الإبطاء بتقدم المجتمع البشري هو العامل السياسي.
وتعريف السياسة هو التوسل بوسائل لتحقيق ممارسة التأثير من أجل تحقيق أهداف معينة.
ومن ذلك التعريف يتضح أن العامل السياسي لا يقتصر على العامل الحكومي. العامل السياسي
كائن في كل العلاقات الإجتماعية وفي العلاقات القائمة في كل المؤسسات الاجتماعية
والاقتصادية والثقافية والعائلية . العامل السياسي هو الذي يسهم إسهاما كبيرا في تقرير وتحديد
طبيعة العلاقة بين الدولة والمجتمع والشعب. ومختلف العوامل التراثية والقيمية والاقتصادية
والتاريخية والثقافية والحكومية وغير الحكومية وعامل القوى الأجنبية هي التي تقرر طبيعة
الدور الذي يؤديه العامل السياسي في مختلف مؤسسات المجتمع الكثيرة وفي تحديد طبيعة
العلاقات فيما بين تلك المؤسسات. ودور العامل السياسي هو نتاج تفاعل تلك العوامل.

في هذه العلاقات ينشأ تفاعل مستمر بين هذه العوامل. ومما يقرر مدى نشاط ذلك
التفاعل هو مدى تغير أو عدم تغير نِسَب العامل السياسي في العلاقات فيما بين مختلف تلك
العوامل. فإذا كانت تلك النسبة عالية كان ذلك التفاعل أقوى. ومن شأن ضعف ذلك التفاعل أن
يسهم في نشوء ظواهر قد تكون سلبية من قبيل قلة المبادرة وقلة التحمس والحافز . وإن كانت
نسبة العامل السياسي في العلاقات فيما بين تلك العوامل مرتفعة كان التفاعل أكثر نشاطا.

ونظرا إلى القوة الكبيرة التي يمتلكها العامل الحكومي وإلى التأثير الكبير الذي يمكن
أن يمارسه والذي يمارسه فعلا في حياة الدولة والمجتمع فإن لطبيعة تنشئة المسؤولين
الحكوميين أثرا كبيرا في تحديد حالة المجتمع والدولة والناس وفي طبيعة السياسات التي يتبعها
هؤلاء المسؤولون وفي طبيعة استجابتهم إلى الأحداث والتطورات على الساحتين الداخلية
والخارجية في مختلف الميادين وفي نظرتهم الاجتماعية والاقتصادية والثقافية وفي تصورهم
للعلاقات بين الدولة والحكومة والمجتمع، وفي طبيعة موقفهم من نشوء المجتمع المدني ودوره
ونشاطه.

وبعض حاجات المجتمع ثابتة نسبيا بغض النظر عن مرحلة النمو التي يمر المجتمع
بها، وبعض حاجات المجتمع تتغير وتختلف وفقا لطبيعة مرحلة النمو التي يمر المجتمع بها.
ولاختلاف مرحلة النمو أثره في مغزى العلاقات بين العامل السياسي الحكومي والعوامل
السياسية غير الحكومية. فمدى نمو وتنمية المجتمع في مختلف المجالات يتوقف عليه مدى
انطباق بعض المفاهيم عليه.

ويرغب دارسون – وعلى وجه الخصوص دارسون من الغرب – في أن يصفوا بلدانا
غير غربية بأنها مجتمعات نامية ومجتمعات أوروبا وأمريكا الشمالية وغيرها بأنها مجتمعات
متقدمة النمو. وفي الحقيقة أن جميع المجتمعات البشرية، سواء كانت مجتمعات غربية أو غير
غربية، مجتمعات نامية وأن صفة النمو ينبغي ألا تتعلق بالجانب المادي والاقتصادي
والتكنولوجي فحسب، ولكن بجوانب أخرى مثل الجانب الروحي والإنساني والاجتماعي
والثقافي أيضا. بهذا المعنى الأعم للنمو فإن البلدان غير الغربية أكثر نموا من الناحيتين الإنسانية
والروحية.

وتشهد الساحة العربية – شأنها شأن كل الساحات في العالم – انطلاقا فكريا على قدر كبير من الموضوعية، وتشيع أيضا أفكار ونظريات على قدر كبير من الموضوعية. وقد لا أجافي الحقيقة إنْ قلتُ إن قدرا قليلا نسبيا من هذا الفكر يُطبق ويُراعى. ومما يحول دون تطبيق قدر أكبر من هذا الفكر هو أن الجهات القوية صاحبة الرؤى والمصالح تولي الأولوية لرؤاها ومصالحها. وفي حالة التناقض بين هذه الرؤى والفكر تكون الغلبة لأصحاب الرؤى والمصالح إذا كانوا أقوى من أصحاب الفكر الموضوعي. وهم في أغلب الأحيان أقوى من أصحاب الفكر الموضوعي، لأن الفكر الموضوعي يقل أنصاره بسبب صفة الحياد التي يتصف بها، وأصحاب الرؤى والمصالح لديهم ميل إلى التحالف مع الفكر غير الموضوعي الذي ينهض برؤاهم ومصالحهم.

والفكر العربي، بأنواعه المختلفة من الفكر الديني والقومي والاشتراكي والليبرالي والرأسمالي والعلمي والوضعي في مختلف المجالات، يتجلى تجليا جزئيا و يطبق تطبيقا جزئيا. ومما يحد النتاج الفكري الخلفية الاجتماعية والاقتصادية والثقافية والتاريخية القائمة. ولو كانت هذه الخلفية مختلفة وأكثر مواتاة لأنتجت العقول العربية قدرا أكبر من الفكر. إن الجهات الفاعلة القوية الممارسة للتأثير في المجتمع تقيد، بسبب إيلائها الأولوية لرؤاها ومصالحها، التدفق الفكري والتطبيق الفكري. ويأتي هذا التقييد متجليا في الثني عن الإتيان بالفكر أو تهميشه أو إهماله أو استقباحه أو مجافاة صاحب الفكر أو معاقبته.

ويفرض الواقع الاجتماعي-الثقافي والاقتصادي والنفسي قيدا على أصحاب الفكر، وخصوصا الفكر المنطلق والخلاق. وبسبب هذا القيد يبقى قدر كبير من الفكر حبيس الصدور، ويبقى دائرا في الخاطر، لا يخرج إلى دائرة الضوء، وقد يموت صاحب الفكر ويختفي فكره معه.

وكلما كان الفكر أشد صراحة وجرأة وأحدّ نقدا ارتفع احتمال أن يلقى مقاومة أكبر وزاد احتمال أن يلقى صاحبه عقابا أقوى. ولذلك يحتمل احتمالا كبيرا أن يكون الفكر المضمر في النفوس الفكر الأشد صراحة وجرأة والأقوى نقدا.

ونظرا إلى أن كثيرا من المشاكل الاجتماعية لا يسهم في معالجتها وحلها إلا الفكر الصريح والموضوعي والجرئ والنقدي الذي لا يعرف المواربة فإن بقاء ذلك الفكر حبيسا يُعَدّ خسارة كبيرة يعاني أفراد المجتمع منها. وأظن أن من الصحيح وضع الصيغة الفكرية التالية: كلما كانت الأفكار أكثر صراحة وجرأة وأشد نقدا وأكثر صلة بالموضوع ازداد احتمال اتخاذ أصحابها لقرار أن يبقوها في صدورهم وازداد احتمال أن يتعرضوا لأذى أكبر لو أفصحوا عنها؛ وأيضا كلما كانت تلك الأفكار تتصف بتلك الأوصاف زاد احتمال أن يعاديها أصحاب النفوذ في مختلف قطاعات المجتمع ومختلف مجالات النشاط الاجتماعي.

وكلما اتسم المجتمع بقدر أكبر من الديمقراطية الاجتماعية ازدادت كمية الأفكار المفصح عنها والمتصفة بتلك الأوصاف. والشعب الذي لا يخاف من نتائج الإفصاح عن أفكاره شعب يتمتع بقدر أكبر من الحرية، شعب لديه قدر أكبر من الإباء والشموخ لأنه شعب ليس معتادا على كبت فكره وقمع شخصيته وقهرها.

ولا يوجد عقل بشري مغلق أو ثابت دوما، وذلك لأن العقل البشري متفاعل دوما بطبيعته. ونظرا إلى تفاعلية العقل البشري فإنه نشيط ومنفتح. وتختلف العقول البشرية بعضها عن بعض في مدى ثباتها وقابلية تغيرها، وفي مدى انغلاقها وانفتاحها وفي مدى سرعة تطورها وفي مدى تفاعلها مع العقول الأخرى والمعطيات التي حوله. ولعل أفراد ينتمون إلى ثقافة

بعينها ذاتيته البنيوية. ولكن هذه الذاتية متغيرة ونسبية. العقل العربي، على سبيل المثال، ليس عقلا مغلقا. إنه عقل منفتح ومتطور ، وهو يتعامل مع العقول الأخرى التي تسم ثقافات أخرى ومع المحيطين الاجتماعي-الثقافي والطبيعي والمحيط الفكري-النفسي الذي حوله. وذاتية العقل العربي نسبية بمعنى وجود اختلاف في مدى تأثر ذلك العقل بالعقول التي حوله والمحيطات التي حوله ومدى تأثيره فيها. وبعبارة أخرى، ذلك العقل، شأنه شأن العقول البشرية، نسبي بمدى تفاعليته أو انفتاحه. وتتوقف وجوه هذا الاختلاف على العوامل التاريخية والتراثية والقيمية والعقيدية والثقافية والاجتماعية والنفسية والاقتصادية للبشر. وثمة من المحللين مَنْ يعتقد بأن هذا الاختلاف يتوقف أيضا على العامل الوراثي والعامل العرقي.

ومما له صلة بالموضوع انعزال الفكر . تختلف الأفكار – النابعة من العقول – بعضها عن بعض في مدى عزلتها عن الواقع الاجتماعي أو صلتها به. وللعوامل السالفة الذكر أثرها الأكبر في تحديد مدى عزلة الأفكار عن الواقع المعاش أو مدى صلتها به.

وقد ارتُكبت أخطاء وما تزال ترتكب في فهم عقول البشر وفي تحليل سلوكهم العقلي. يرى خطأ بعض الكتاب الغربيين أن العقل العربي مغلق أو منغلق على نفسه. ومن المؤسف أن بعض الكتاب العرب صاروا يقبلون هذه الفكرة التي لا أساس لها من الصحة. ولا يستند هذا الرأي إلى الحقيقة. لا يوجد عقل بشري مغلق أو منغلق. رأي أولئك الكتاب قد يشير إلى انغلاقهم العقلي أو إلى توجههم العنصري في الكتابة والتفكير، أو إلى الجهل بالواقع الاجتماعي النفسي للشعوب، أو إلى التحيز المغرض أو المَرَضي أو إلى الضحالة الفكرية والسخف العقلي أو إلى مجموعة من هذه العوامل كلها أو بعضها.

إن للعقل البشري تاريخيته ولا يمكن أن تستقيم دراسة عقول البشر والشعوب إلا من منطلق تاريخية الظواهر، بما في ذلك ظاهرة السلوك العقلي . وأولئكم الكتاب في حكمهم المخطئ هذا يجهلون أو يتجاهلون تاريخية العقل العربي، أو تاريخية أي عقل بشري، مثل تاريخية العقل الأوروبي في الوقت الحاضر وفي العصور الوسطى التي تُدعى عصور الانحطاط والتخلف والظلام.

ومن السليم الإشارة هنا إلى العلاقة بين اللغة العربية ونحوها وصرفها وأوزان أفعالها وأسمائها، وبعبارة موجزة عبقريتها وفصاحتها ومنطقها واشتقاقها، من ناحية، وانفتاح عقول الأفراد الذين يحسنون التكلم بتلك اللغة. فبسبب عبقرية اللغة هذه وفصاحتها واشتقاقها وبيانها وتبيينها لا بد من أن يمكّن التكلم بها من تحقيق الانفتاح العقلي والفكري.

وثمة عوامل ثقافية واقتصادية ونفسية وغيرها داخلية وخارجية تمارس التأثير باتجاه تغيير بنية العقل، وعوامل ثقافية واقتصادية ونفسية تمارس التأثير باتجاه الثبات النسبي – والثبات المطلق مستحيل – لبنية العقل. وهذه العوامل من الفئتين متفاعلة فيما بينها باستمرار. ويمكن أن توجد عوامل تمارس في وقت أو مكان التأثير باتجاه تغيير بنية العقل، وأن تكون نفس العوامل تمارس في وقت آخر أو مكان آخر التأثير باتجاه الثبات النسبي لبنية العقل. وهوية اتجاه التأثير باتجاه الثبات النسبي أو التغيير تتوقف على تغير الظروف واختلاف الأمكنة، وهي الظروف والأمكنة المتفاعلة فيما بينها. وبالتالي فإن الثبات النسبي لبنية العقل أو تغييرها يتوقف على نتيجة العوامل المؤثرة المتفاعلة باستمرار.

والمفاهيم – بما في ذلك التفسير، أي إيجاد العلاقة السببية – تختلف بعضها عن بعض في المؤسسات والظواهر الاجتماعية والثقافية والاقتصادية والنفسية وفي أدوارها. توجد مفاهيم لتلك الظواهر والمؤسسات تتسم بقدر أكبر أو قدر أقل من الانفتاح أو الانغلاق. وكلما كان ذلك

المفهوم أو التفسير متسما بقدر أكبر من الانغلاق أو الانكماش أو العزلة أو الجمود كان قدر أكبر من ذلك المفهوم أو التفسير متجها صوب ثبات بنية العقل، والعكس هو الصحيح. وبالتالي فإن الثبات النسبي أو التغير لبنى العقل البشري يتوقف إلى حد كبير على المفهوم أو التفسير البشري للظواهر والمؤسسات التي تقرر الموقف (attitude) البشري والتي لها أثر أكبر أيضا في العوامل العاملة باتجاه تغيير بنية العقل البشري أو ثباته النسبي.

إن هذا العرض ينطبق على جميع الحالات التي تحدث فيها علاقات تأثر وتأثير، ومنها طبعا العلاقات الاجتماعية.

والفكر العربي في الوقت الحاضر من أنواع : فكر منقطع عن تراث الماضي وفكر يدخل فيه تراث الماضي وفكر خليط من الحاضر والماضي وفكر يحاول التوفيق بينهما وفكر غربي وفكر يحاول التوفيق بين الفكر العربي الحاضر والفكر الغربي، وهناك فكر عربي له أصالته وفكر عربي مستمد من الفكر الغربي وفكر يتفاعل مع الفكر غير العربي وفكر يتمثل هذا الفكر.

ولعل القاسم المشترك بين جميع وجوه الفكر العربي هو أنه يبعد على تفاوت عن الواقع العربي وعن االمستجدات على هذا الواقع.

وحدث خطاب النهضة في واقع عربي متخلف منذ بداية القرن التاسع عشر. وكان الشاغل الأكبر لهذا الخطاب مواجهة صدمة الحداثة الأوروبية على نحو خاص، وهي الصدمة التي حدثت في العالم العربي وأجزاء أخرى من العالم الإسلامي. وقد سبّب هذه الصدمةَ الوافد الغازي الأوروبي في البداية، ثم الغربي، ذو الطبيعة الملتبسة الذي جمع بين التقدم العلمي والتكنولوجي والاجتماعي والسياسي والثقافي، من ناحية، والنزعة الاستعمارية والاستغلالية والعدوانية والسياسية والاستعلائية، من ناحية أخرى. وكانت إحدى سمات هذه المواجهة أن حاول السكان استيعاب هذه الصدمة بثنائية ملتبسة سعت إلى التلفيق بين التجديد والتقليد، وبين الوافد والموروث، والتأصيل والتحديث.

ومن سمات نظم الحكم في كثير من البلدان النامية أنها نشأت من فوق، عن طريق الدول الاستعمارية التي ساندت لمصلحتها تلك النظم، أو عن طريق انقلابات عسكرية أو كانت مواصلة لرئاسات عشائرية وقبلية. ومن سمات تلك النظم أنها تسلطية أو إملائية أو قمعية أم مستبدة أو ذكورية أبوية. وتقوم فجوة عميقة بينها وبين الناس. وهذه السمات أسهمت في تقييد الفكر وتقييد التنمية.

وفضلا عن واجب القيام بدراسة الواقع الاجتماعي والاقتصادي والسياسي العربي من الضروري دراسة الفكر العربي ذاته. وقام ولا يزال يقوم تأثير متبادل بين ذلك الواقع والفكر. إن لذلك الفكر دورا أكبر في تفسير الواقع العربي والتطورات والأحداث التي شهدتها ولا تزال تشهدها الساحة العربية في مختلف المجالات وقدرا أكبر من التخلف العربي في المجال العلمي والاجتماعي وانعدام الديمقراطية أو ضعفها.

ومن العوامل التي تفسر ذلك الواقع عامل البنية التلفيقية في السلوك والمواقف. وثمة أسباب لنشوء هذه البنية التلفيقية، من أهمها الشخصية الفهلوية السائدة عند بعض قطاعات من الناس، وانعدام قدر كاف من التمسك بالمبادئ، وضحالة الثقافة وانعدام الحس القوي لدى بعض الناس بالعمق الحضاري والمرحلة الانتقالية التي تمر بها المجتمعات العربية، وهي المرحلة التي يقل أو يضعف فيها التمسك بأفكار وقيم والتي لا تكون أفكار وفيم أخرى قد حلت محلها.

ومما يسهم أيضا في نشوء الواقع المتخلف غلبة الفكر اللاتاريخي، أو لاتاريخية الفكر السائد في المجتمع العربي. وقسم من هذا الفكر فكر لا يستجيب لمستجدات ومتطلبات الحياة في الظروف الراهنة. وهو بالتالي لا يمكننا من التصدي لهذه المستجدات والمتطلبات التي يتطلب التصدي لها توفر طرق جديدة ومناهج جديدة وأفكار جديدة.

وحتى يتم القضاء على تخلف واقعنا يجب إعمال الفكر النقدي وتجب غلبته. ووظيفة هذا الفكر القيام بالنقد الموضوعي بمقدار إمكان القيام بهذا النقد. والفكر النقدي ينأى بنفسه عن أن يكون أداة أيديولوجية، على الرغم من أنه يمكن أن يخدم أغراضا أيديولوجية. يمكن أن يمارس الفكر الوظيفةَ النقدية في أي سياق أيديولوجي أو غير أيديولوجي.

والخطأ الذي يرتكبه بعض المفكرين أنهم يظنون أن بالإمكان التخلص من التخلف عن طريق الأخذ بمذهب أيديولوجي بعينه دون سواه. وفي الحقيقة أن أي مذهب أيديولوجي يمكن أن يسهم في التخلص من التخلف. ولكن هذا الإمكان لا يُحقق إلا بإعمال الفكر النقدي. العبرة أو مربط الفرس هنا في سياق السعي إلى التخلص من التخلف ليس هوية المذهب الأيديولوجي ولكن إعمال الفكر النقدي عند تطبيق ذلك المذهب. لن يقطع أي من المذاهب الأيديولوجية شوطا بعيدا ما لم تكن محاولة تطبيقه ممهورة ومرفودة بالفكر النقدي المراعَى أو المأخوذ في الحسبان. والمذهب الأيديولوجي الذي قد يكون أقل جذبا أو أقل شعبية والذي يُظن أنه لا يحقق التقدم الثقافي أو الحضاري أو العلمي أو السياسي أو الاقتصادي قد يتضح أنه يقطع شوطا أبعد في هذا الاتجاه إذا اقترنت محاولة تطبيقه بالفكر النقدي المراعَى من الشوط الذي يقطعه في هذا الاتجاه مذهب أيديولوجي شعبي ويحظى بتوافق الآراء ولكن تفتقر محاولة تطبيقه إلى الفكر النقدي المراعَى.

ودعونا نتريث بعض الوقت في عرضنا؛ دعونا نتوقف بعض الوقت عند معنى الفكر النقدي. ينبغي لنا، ونحن نتكلم عن تلفيقية السلوك والمواقف، أن نحذر من أن يتسم سلوكنا الفكري بالتلفيقية عند الكلام عن الفكر النقدي المراعَى. اعتماد نقدية الفكر معناه تطبيق الإجراءات النقدية والخلوص العقلاني والموضوعي والواقعي والتاريخي إلى الاستنتاجات ومحاولة التطبيق العلمي المتسق لتلك الاستنتاجات. وعدم تطبيق الإجراءات النقدية أو عدم الخلوص إلى الاستنتاجات بالطريقة المذكورة أو عدم محاولة تطبيقها من شأنه أن يعني أننا لم نعتمد نقدية الفكر ومراعاة الفكر النقدي حتى لو رفعنا هذا الشعار مدة 365 يوما في السنة وكررنا ذكره في كل صحيفة ومحطة إذاعية وتلفزيونية ووضعنا لافتة مكتوبا هذا الشعار عليها أمام كل مبنى حكومي أو غير حكومي.

التنشئة الاستبدادية وعدم الاستقلال الفكري

للتنشئة أساليب أو طرق. يمكن لأسلوب من أساليب التنشئة أن ينشئ على الشعور بالكرامة الإنسانية وعلى ممارسة الحرية والابتكار والتفكير المستقل. ويمكن لأسلوب آخر أن يعيق نشوء هذه الصفات أو أن يؤخره ويضعفه أو أن يحول دون نشوئه. يمكن أن يطلق على أسلوب التنشئة هذا اسم الأسلوب التقليدي الاستبدادي غير الديمقراطي. وفقا لأسلوب التنشئة هذا تولى السن أهمية كبرى ويعتقد بأن الصواب والحكمة هما قرينا السن أو أنهما مقصوران على كبار السن وبأن الرجل أكثر حكمة ورشدا من المرأة وبأنه تجب طاعة كبار السن والمسؤولين في المجتمع ليس بالضرورة لصحة ما ينطقون به ولكن إجلالا لهم ولمركزهم، وبأن التعليم عملية تلقينية وبأنه ينبغي للطلاب أن يقبلوا ما يقوله المعلم قبولا سريعا وتاما دون مناقشة باعتباره حقيقة أكيدة لا يرقى إليها الريب، وبأنه يجوز للمعلم أن يضرب الطلاب وأن يهينهم دون مساءلة وبإفلات من العقاب. من شأن هذا الأسلوب أن ينشئ شخصا مطيعا أو مجاملا أو سهل الانقياد أو راضخا أو قابلا لما يسمعه أو منفذا لما يؤمر به دون تقليب للأمور ودون إجالة للنظر في الوجوه الإيجابية والسلبية للأمر.

ووفقا للجو الذي يولده هذا الأسلوب من التنشئة لا تتاح للشباب الفرصة لأن يعربوا عن أفكارهم ومواقفهم ولأن يحققوا إمكانهم ولأن يطوروا ويحققوا شخصياتهم، ولا يحق لهم مناقشة كبار السن والمسؤولين. ووفقا لثقافة هذا الأسلوب من التنشئة يحتمل احتمالا كبيرا أن تعتبر المناقشة والجرأة الفكرية في الإعراب عن الرأي وعن الموقف وقاحة وسوء تنشئة، وأن يعتبر المطيع مؤدبا ومهذبا. في اسلوب التنشئة هذا يحتمل احتمالا كبيرا أن يظن كبار السن أنهم يعرفون الحقيقة وأن حكمتهم أوصلتهم إلى الحقيقة الكاملة.

وفقا للثقافة التي يوجدها أسلوب التنشئة هذا يتمتع بالسلطة القانونية والأدبية والتقليدية الأفراد الأقوى والأعلى هرميا في المجال الاجتماعي الأوسع حتى لو كان العيب يعتور كلام وعمل هؤلاء. ووفقا لهذه الثقافة قد يعتبر الاختلاف خصومة أو عداء أو تمردا أو مروقا. وقد يتهم الشخص المخالف بأي من هذه "الجرائم" الشنيعة وقد يهان ويعاقب.

ولدى الذين نشئوا على هذه التنشئة ميل إلى عدم التغيير وإلى تفضيل القديم على الجديد وتخوف من غير المألوف ومن اكتشاف المجهول.

في أسلوب التنشئة الاستبدادي العلاقة علاقة هرمية ذات اتجاه واحد من أعلى إلى أسفل. عن طريق هذه العلاقة يحصل التوجيه ويصدر الأمر. في هذه البنية يكون طرفان في العلاقة: الطرف المرسِل والطرف المتلقي. الطرف المرسل لا يكون متلقيا والطرف المتلقي لا يكون مرسلا. في هذه العلاقة يكون المرسل الرجل أو الشخص الأقوى أو الأكثر ثراء، ويكون المتلقي الشخص الأضعف أو الأكثر فقرا أو المرأة. ومن المحظور على المتلقين أن يرفضوا التوجيه.

هذه العوامل كلها تجعل شخصية المرسل تنزع إلى الشعور بالتيقن المطلق الذي لا يترك هامشا لاحتمال ارتكاب الخطأ في التفكير والعمل. وهذه الشخصية تتناقض طبعا مع متطلبات النظام الديمقراطي والانفتاح الفكري الذي يفترض بأن الحالة في حاجة دائمة إلى التحسين. إن الذين يشغلون المراتب العليا في المجتمع ويشكلون مصدر الإرسال يعتقدون خطأ بأنهم يمتلكون المعرفة ويحتكرون المعرفة والحكمة. وكونهم يشكلون مصدر التوجيه والأوامر

يمنحهم سلطة قوية على جمهور المتلقين. ولذلك فإن الذين يشكلون مصدر الإرسال يعزفون عن الحوار والمناقشة والدراسة والاختلاف ويرفضونها ويعتبرون من ينادي بها خصما لهم وبالتالي يحاربونه ويحاولون معاقبته.

وتتفق طريقة التنشئة هذه مع روح النظام الاجتماعي الذكوري الأبوي (البطرياركي) الذي لا يتحمل التحاور والتناقش ولا يطيق الفكر النقدي الموضوعي ولا يطيق الاختلاف والخلاف، لأن التناقش والتحاور والفكر النقدي والانفتاح والاختلاف تتضمن تحرك الفكر باتجاهين أو أكثر من اتجاهين بينما يرتكز النظام الاجتماعي الذكوري على تدفق الفكر في اتجاه واحد من أعلى إلى أسفل. إنه، بالتالي، نظام يتسم بالتسلط والكبت والقهر.

وتقوم علاقة بين طريقة التنشئة اللاديمقراطية والاستبدادية هذه والنظام الذكوري الأبوي، من ناحية، والتغير الاجتماعي، من ناحية أخرى. فنظرا إلى أهمية تبادل الرأي – الذي يتحقق عن طريق التحاور والمناقشة والدراسة – في تحقيق التغير الاجتماعي لا يحدث تغير يستحق الذكر في هذا النظام. من شأن الحوار والمناقشة أن يسهما في عرض مختلف البدائل الفكرية وفي إطلاع الناس على ما لم يكونوا مطلعين عليه قبل الحوار، مما من شأنه أن يسهم في إحداث التغير الاجتماعي.

والطريقة المثلى لإضعاف الفكر النقدي الموضوعي ولإقصائه هي اتباع طريقة التلقين والاستظهار في الحصول على المعرفة وفي تناول الأمور. والتلقين طريقة تناسب طريقة التنشئة الاستبدادية غير الديمقراطية والنظام الاجتماعي الذكوري الأبوي. هذه الطريقة لا تنتج الفكر النقدي الذي يمكن من تحقيق المعرفة. ينتج التلقين شخصية تناسب دور الشخص في ذلك النظام، الشخص غير المناقش وغير الناقد، الشخص المطيع المتلقي القابل للأفكار دون تمحيص ودون إجالة النظر فيها. هذه صفات سلبية ولمن يتسم بها شخصية سلبية.

في حالة الانقياد الفكري والسلوكي والنفسي هذه لا توجد لدى المرء حاجة إلى أن يمسك بزمام المبادرة وإلى أن يكون مسؤولا، وبالتالي تتعزز في نفس ذلك المرء شخصية المتلقي المنقاد وتتلاشى في نفسه روح المبادرة والحس بالمسؤولية سوى المسؤولية عن أن يحسن القيام بالدور الذي يحدده له الشخص الأعلى. ويجهل المتلقي لغة التحاور والتناقش والمشاركة، ويشعر بأنه ليس لديه اعتبار، وبالتالي يصبح منكمشا ومنسحبا نفسيا.

وقيام المرء بدور المتلقي فقط لا يتطلب منه أن يكون مبتكرا مبدعا، بل يتطلب منه ألا يكون مبتكرا مبدعا. تضعف حالة أداء دور المتلقي ملكة الابتكار والإبداع عنده. وحتى يكون المرء مبدعا يجب أن يكون لديه شعور بالاعتبار الذاتي والنفسي والإنساني وألا يعاني من حالة التبعية الاجتماعية والاقتصادية والنفسية وألا يكون في حالة توصله إلى التردي النفسي والضياع الذاتي. حتى يكون المرء مبدعا يجب أن يكون في حالة يمكنه فيها أن يسمو بذاته فوق المشقات وأن يسوده الشعور بأنه أقوى من التحديات.

والنفس البشرية تميل إلى التنفيس عن الضغوط الاجتماعية والاقتصادية والنفسية. والطرف الأدنى المتلقي يشعر بذلك الضغط على الرغم من تحقيقه لقدر كبير من التعود على هذه الحالة والتكيف معها. وتنفيسا عن تلك الضغوط يقوم ذلك المتلقي نفسه بتطبيق نموذج من العلاقات بينه وبين الأضعف منه مماثل على نحو ما لنموذج العلاقات بينه وبين من هو أعلى وأقوى منه. فترى ذلك المتلقي يمارس التوجيه والإملاء. وعلى هذا النحو ينشأ في المجتمع هرم أو مسلسل من التوجيه والتسلط والإملاء.

وفي المجتمع البشري والحياة البشرية عموما تقوم حاجة إلى التغيير لأن هذا المجتمع تعتوره، كما أشرنا، العيوب. وتقوم حاجة إلى التغيير لتحقيق توزيع أفضل لموارد المجتمع ولتكييف بنية المجتمع بما يتفق مع مصلحته في الاستفادة من التكنولوجيا. في النظام الاجتماعي الذكوري الأبوي الهرمي الطبقي لا تكون سرعة التغيير أبدا متفقة مع سرعة التغيير التي تتطلبها حاجات المجتمع.

ومن العوامل الأهم في إحداث التغيير ممارسة النقد البناء في مختلف المجالات. وفي النظم الاجتماعية التي ينشأ فيها الناس تنشئة استبدادية وقمعية، والتي بالتالي تحظر فيها ممارسة النقد على المرء يصعب إحداث التغيير.

ومن صفات المجتمعات السليمة التدفق الحر للأفكار التي هي انعكاس للتفاعل بين الإنسان وبيئتيه الاجتماعية والطبيعية. ومرد سلامة هذه الصفة هو أن الحالة الطبيعية هي أن تتدفق الأفكار لدى الإنسان النشيط فكريا. التدفق الفكري حالة طبيعية. وبالتدفق الفكري يحدث الاتصال والحوار والتفاعل على المستوى الفكري. وبالتالي فإن النظام الاجتماعي الذكوري الأبوي، نظرا إلى تقييده للتدفق الفكري، نظام مناف للطبيعة البشرية.

يبين ذلك العرض أن من المفيد للبشر الكف عن اتباع طريقة التنشئة الاستبدادية وإشاعة وتوطيد طريقة التنشئة الديمقراطية النقدية. بحكم الصلاحيات السياسية التي تمتلكها الحكومة وقدراتها الإدارية ومواردها المالية وبحكم ضعف المنظمات المدنية غير الحكومية في البلدان النامية تقع على أصحاب السلطات الحكومية مسؤولية رئيسية، لكن ليست المسؤولية الوحيدة، عن القيام بذلك.

لقد ضعف في الحقيقة بعض الشيء التمسك باتباع طريقة التنشئة الاستبدادية في المجتمعات النامية. ويتباين مدى هذا الضعف بين بلد وآخر في البلدان النامية تبعا لقوة حضور عوامل، منها انتشار معرفة القراءة والكتابة الذي ارتفعت نسبته في المدارس الابتدائية والثانوية وارتفاع نسبة الدارسين في الكليات والجامعات، وازدياد نسبة العاملين في العمل غير الزراعي الذي يتقاضى العاملون عنه أجورا، واستماعهم عن طريق وسائل الاتصال الحديثة إلى أفكار جديدة تدعوهم إلى التفكير في حالتهم الاجتماعية والقانونية والنفسية ومقارنتها بحالات أخرى. هذه التطورات كلها وغيرها أفضت إلى نشوء موقف لدى قسم من الناس، موقف يتسم بقدر من التفكير المستقل في صحة الحالة القائمة ويشكك في سلامتها ويفكر في بدائل، ولا يرضى بأداء دور المتلقي فقط.

الحرية في المجتمع: الواجبات والحدود

التحمّل في المجتمع

للتحمّل تجليات منها احترام الآخرين والمراعاة والتسامح رغم الاختلاف الذي قد يكون قائما بين فرد وآحر. ونظرا إلى الاختلاف القائم أحيانا بين أفراد المجتمع الواحد، ينبغي أن تقوم العلاقات بين أفراده وفئاته على أساس التحمّل والمراعاة والتسامح.

ومن الطبيعي أن يكون أفراد المجتمع مختلفين في أفكارهم وتوجهاتهم وأهدافهم ومستوى معيشتهم وفي مجالات أخرى. يمكن للاختلاف أن ينبعث من اعتبارات منها الرغبة في التأكيد على الانتماء الثقافي أو المحافظة على قيمة من القيم من قبيل الحرية والاستقلال والحس بالكرامة الإنسانية وغيرها. ورغم هذه الاختلافات ينبغي أن يقبل الناس قيما ومبادئ عامة يشترك الناس في قبولها ومراعاتها، منها الحفاظ على الشعب ومصلحة المجتمع. ونظرا إلى طبيعية هذه الاختلافات، من غير الصحيح أن يُعتبر مبعث الاختلاف تحديا للآخرين. يمكن أن توجد اختلافات وأن يحترم الناس في نفس الوقت بعضهم بعضا.

الحرية والتجريد

والحرية من أهم القيم الإنسانية وهي حاجة أساسية بشرية. وللحرية – شأنها شأن مفاهيم أخرى - درجات متفاوتة من التجريد والتحديد. وكلما ازدادت الحرية تجريدا قل تحديدها أو تعيينها أو تحقيقها أو اكتناهها الاجتماعي، أي أصبحت أقل تحديدا في الواقع الاجتماعي. ونظرا إلى الصفة الاجتماعية لمفهوم الحرية فإن تحقيقها أقل في حالة التجريد. حالة التجريد لمفهوم الحرية تجعل من الصعب اكتناهه، لأن من الأصعب على البشر فهم أو اكتناه مفهوم من المفاهيم في حالة التجريد ومن الأسهل عليهم اكتناه ذلك المفهوم في حالة السياق الاجتماعي الملموس أو الواقعي. تجريد فكرة الحرية يجعلها ليست ذات صلة أو أقل صلة بالحياة الاجتماعية.

الوعي والتقييد

الوعي البشري مقيِّد. ولا يدخل في نطاقه مفهوم غير مُقيَّد. وحينما يدخل أي مفهوم في وعينا نقيده. والحرية المجردة الخالصة لا مكان لها – أو لها مكان محدود – في الوعي البشري الذي يتغذى بمصادر منها الخلفية التاريخية والثقافية والقيمية والمعرفية والاجتماعية. وعند وعي فكرة الحرية يجري تقييدها بالوعي.

و كون شيء مفهوما معناه أن ذلك الشيء غير مكتنه تماما. والحرية المجردة غير مفهومة تماما. إنها غير مكتنهة. لا تُعقل حرية غير محدَّدة وغير محدودة وغير مقيَّدة. ولا يقبل البشر حرية غير مسؤولة حيال أفراد المجتمع الذي له متطلباته. لا تتحقق حرية مطلقة في المجتمع.

حدود الحرية في المجتمع

من الحق الطبيعي للإنسان أن يكون حرا لأن إنسانيته لا تتحقق دون ممارسة الحرية. وعضوية الإنسان في المجتمع توجب عليه واجبات اجتماعية وتمنحه الحق في الحرية . ولعدم المساس بإنسانيته أو لعدم النيل منها من حقه ومن واجبه أن يكون حرا. ومرد وجوب التمتع بالحرية في المجتمع هو أن للمجتمع متطلبات ينبغي أن تراعى. وجوب المراعاة هذا لا بد من أن يعني وجوب تحديد الحرية. وبسبب استحالة تحقيق الفهم الكامل وبسبب حق كل فرد في المجتمع في الحرية فإن الحرية الفردية غير مطلقة. حياة الفرد في المجتمع تلزمه بأن يراعي حقوق الآخرين. وحرية الفرد في المجتمع لا بد من أن يصاحبها التزام بمراعاة حقوق الآخرين. وإذا مارس الفرد حريته دون مراعاة حقوق الآخرين اعتدى عليهم، وبذلك تتقوض أسس المجتمع، ويفقد القدر الذي يمتلكه من التماسك ويتحلل نسيجه وتصبح الحياة شبيهة بالحياة في ظل نظام الغاب، ولا يعود الإنسان يحيا حياة سليمة في المجتمع.

نظام الحكم والدولة والمجتمع

الدولة، التي تتكون من أرض وسكان (أو شعب) وحكومة، من إنتاج البشر. إنها نتاج تنظيم البشر السياسي. ونظرا إلى أن الدول من إنتاج البشر فيمكنهم أن يزيلوها وأن يعززوها ويوحدوها. والدولة ضرورية في حياة البشر. فهي الأداة اللازمة للإسهام في تنظيم وإدارة شؤون المجتمع. والمفترض أن تكون الحكومة أداة إنفاذ وتنفيذ القوانين والأنظمة للدولة. وحتى تستطيع القيام بهذه المهمة ينبغي أن تكون لها سلطة. وثمة سمة تسلطية وقسرية وبيروقراطية في ممارسة الحكومة لسلطاتها وفي قيامها بنشاطاتها. ويجب التمييز بين الدولة والمتولين للسلطات الحكومية وسياساتهم. أحيانا كثيرة يحدث خلط بين الدولة والمتولين للسلطات الحكومية، وأيضا بين الدولة وسياساتهم. ولذلك توجه في حالات كثيرة الانتقادات إلى الدولة بينما يجب أن توجه الانتقادات إلى المتولين للسلطات الحكومية.

وفي جميع الدول لا يقوم تلاحم بين ذوي السلطة والشعب بل يقوم انفصال بينهما. وتختلف الدول بعضها عن بعض في مدى هذا الانفصال. بل ثمة في الدول انفصال كبير واضح بين الدولة، من ناحية، والشعب والمجتمع، من ناحية ثانية. وموافقة الشعب بأغلبيته على سياسة الحكومة أو تمثيل الحكومة للشعب مصدر من مصادر مشروعيتها. والحكومة التي لا تحظى بهذه الموافقة تفتقر إلى قدر كبير من المشروعية. وعدم مشروعية الحكومة يضعف سلطتها مما يضعفها وبالتالي يكون مصدر ضعف للدولة. والحكومة التي تفتقر إلى موافقة أفراد الشعب وإلى تمثيلها لهم تكون قلقة منهم. ونظرا إلى قلقها من الشعب قد تنكل به إذا اشتكى أو تذمر.

وأحيانا يوجد اختلاف بين رؤى الحكومة والمجتمع. وإذا وجد هذا الاختلاف أوجد إشكالا فيما يتعلق بالموقف الذي يتخذه أفراد المجتمع حيال الحكومة. فبينما يلزم أن يتاح للحكومة القيام بوظائفها الاعتيادية، من قبيل التنمية الاقتصادية والاجتماعية وبناء المؤسسات الوطنية، تقوم الحكومة، ربما لضعفها أو لسوء إدارتها أو لفسادها، بالتعاون مع جهات أجنبية لها أثر في وضع الحكومة لسياستها الداخلية والخارجية، مما يوجد احتكاكا وتوترا بين الحكومة وشرائح المجتمع.

ولم تنشأ في كثير من الدول النامية دولة الشعب والمواطنين. وإحدى مشاكل الشعوب النامية أن حكوماتها قوية حيال هذه الشعوب ولكن الحكومة والدولة قد تكونان ضعيفتين بوصفهما مؤسستين. وفي كثير من المناطق في العالم النامي يصيب الحكومات والدول الضعف ولم تترسخ ترسخا مؤسسيا. وفي حالات كثيرة انهارت الحكومة والدولة. وفي هذه الحالات مما يخدم مصالح الشعوب إعادة بناء الحكومة أو الدولة إذا كانت منهارة وتقويتها وترسيخها. إن غياب الحكومة أو الدولة أو انهيارها مبعث ضرر كبير للشعب. ومن الأسئلة التي ينبغي أن تسأل السؤال التالي: ما هو الأفضل بالنسبة إلى الشعب: قيام الحكومة أو الدولة التسلطية أو انعدام هذه الحكومة أو الدولة إذا كانت لا بد من أن تكون تسلطية.

ولا يوجد على وجه المعمورة نظام حكم منصف أو عادل مئة بالمئة. وتختلف نظم الحكم بعضها عن بعض في مدى ذلك الإنصاف أو العدل. وأحد أسباب استحالة الإنصاف أو العدل هو أن مقتضيات ممارسة الحكم من العوامل التي تفرض على المتولي للسلطة سياسته. ومقتضيات ممارسة الحكم ومواصلة الإمساك بزمام السلطة في الحياة البشرية المعقدة أحد

23

العوامل في جعل الحاكم متجاوزا لنطاق سلطته. ولمحاولة التصدي لهذه التجاوزات يجب توفر قوى مستقلة نسبيا تؤدي دور القوى المتصدية والكابحة لتلك التجاوزات. ومن الأسهل كثيرا نشوء هذه القوى وممارستها لنشاطاتها في ظل الحكم الديمقراطي.

والحكومة العربية قوية أكثر مما ينبغي ومتجاوزة حيال المجتمع العربي. ولذلك ينبغي الحد من هذه القوة والتجاوز. ولتحقيق هذا الحد تجب تقوية المجتمع المدني. وعن طريق هذه التقوية ينشأ تأثير للسكان في مؤسسات الحكم وفي توجيه السكان لسياسة هذه المؤسسات وينشأ التفاعل الإيجابي بين مؤسسات الحكم والمجتمع، وتصبح مؤسسات الحكم أكثر مراعاة لمواقف الناس وتنشأ إمكانية نقد ممارسات وسياسات تلك المؤسسات، مما قد يسهم في جعل تلك الممارسات والسياسات أكثر فائدة للشعب. ومما يضعف أو يفشل عمل المنتقدين للسلطات الحكومية المتجاوزة أو الجائرة أو القامعة هو افتقار عمل التصدي للتجاوز والبغي الحكوميين إلى البنية المؤسسية المنتظمة.

ولتقوية المجتمع المدني تجب إشاعة قيم المجتمع المدني التي تشمل قيم المواطنة والمواطنة الصالحة والقيم الديموقراطية وقيم الحرية (طبعا، في إطار القيم الخلقية والمصالح العليا للشعب) ودولة القانون ودولة المواطنين والدولة الخادمة لمواطنيها وليست الدولة القامعة القاهرة لهم. ويجب وضع نظام دستوري ديمقراطي يكون آلية لتفاعل مختلف التيارات بعضها مع بعض لضمان تسوية الخلافات بالطرق السلمية.

ونظرا إلى أن الدولة أداة يمكنها أن تؤدي دورا ذا شأن في حماية المواطنين وحماية هويتهم الثقافية أو القومية أو الدينية يجب الدفاع عنها حيال محاولات إضعافها وإضعاف أو إزالة سيادتها. وإذا ضعفت الدولة أو زالت أصبح سكانها أشد عرضة لمخاطر أجنبية قد لا يكون لهم قِبَل بالتصدي لها. ومن شأن إشاعة هذه القيم وتأسيسها وترسيخها أن تسهم في إزالة مؤسسات اجتماعية وسياسية تجب إزالتها إذا كانت تناقض روح القيم والمؤسسات المذكورة أعلاه.

وتوجد عوامل تضعف الدولة، ومن هذه العوامل إساءة استعمال السلطات من قبل المتولين لممارستها. فهؤلاء أحيانا كثيرة يتصرفون وكأنهم يمتلكون الدولة، ولا يعتبرونها دولة جميع مواطنيها. ومفهومهم للدولة ليس مفهوم الدولة باعتبارها أداة للنهوض بالمجتمع ولحماية أفراد الشعب ولإقامة العدالة في صفوفهم. مفهومهم للدولة مفهوم المؤسسة التي تخولهم التصرف دون رقيب ولا حسيب وإقصاء الآخر المخالف او المختلف عن المشاركة في تسيير شؤون الدولة.

وذلك السلوك من جانب المتولين لمقاليد السلطة الحكومية من شأنه أن يؤدي إلى نشوب النزاع والصراع بينهم وبين فئات الشعب التي لا تتمتع بالمساواة في الدولة والتي تحرم من المشاركة في تولي السلطة وفي تسيير شؤون الدولة وتحرم رؤيتها من النظر فيها واعتبارها.

وفي جميع دول العالم، منها الدول التي توصف بأنها دول ديمقراطية، تقوم فجوة بين أمنيات الذين يتولون السلطة الحكومية وسكان الدولة. غير أنه يبدو أن هذه الفجوة أوسع في البلدان النامية منها في البلدان المتقدمة النمو.

ويجب أن تكون حقوق المواطنين وحرياتهم ومصالحهم وهويتهم القومية والثقافية والدينية والإنسانية محمية بالدولة، ويجب أن تكون الدولة تجسيدا لها وتعبيرا عن إرادة مواطنيها. ويمكن أن يحقق ذلك عن طريق تضييق الفجوة وردمها إن أمكن بين الهيئات

الحكومية والشعب، وعن طريق تعزيز المجتمع المدني الذي يعرف أفراده أهمية صون حقوقهم وأهمية المحافظة على الدولة، وعن طريق التنشئة على قيم الاحتراف والتخصص وتداول السلطة، واحترام القيم الديمقراطية، ومنها حرية التعبير عن الرأي، وإنشاء المؤسسات التي ترعى هذه القيم وتحافظ عليها.

وينبغي ألا يكون دعم المؤسسات الحكومية للفئات المدنية مشروطا بشروط يؤدي الوفاء بها إلى فقدان تلك الفئات لاستقلالها. ليس من السليم أن تدجن الدولة، ممثلة في الهيئة الحكومية، أو أن تبتلع المنظمات المدنية التي لا تنتمي إلى المتولين للسلطة الحكومية أو الذين لا يدعمون سياساتها. وليس من صلاحية الهيئات الحكومية أن تفعل ذلك. الحالة المثلى هي أن تتخذ الحكومة موقفا محايدا حيال المنظمات المدنية. ومدى مراعاة الحكومة لهذا الاعتبار مقياس لقوتها وصلاحها وثقتها بنفسها.

ويجب أن يقوم توازن بين مصالح الحكومة والدولة، من ناحية، ومصالح الشعب والمجتمع، من ناحية أخرى. وأحيانا كثيرة وفي حالات كثيرة يميل الميزان من حيث القوة والتأثير لمصلحة الحكومة أكثر بكثير مما ينبغي. ومن اللازم أن يحكم ويحدد العلاقات بين الحكومة والدولة والشعب والمجتمع ميثاق أوعقد اجتماعي محترم مدون أو غير مدون، ميثاق يحدد طبيعة العلاقات بينها ويضع حدودا لعلاقات بعضهما ببعض، بحيث لا تتجاوز الحكومة حدودها على حساب المجتمع ولا يتجاوز أفراد المجتمع الحدود على حساب الحكومة والدولة، ميثاق يحظر على الدولة ألا تراعي المجتمع وحاجاته وأن تدوس عليه.

ولا بد من أن تستمد مضامين هذا الميثاق ليس فقط من مبادئ الديمقراطية والعدالة وصلاح الحكم، ولكن أيضا من تاريخ كل مجتمع وثقافته وظروفه الخاصة به وقيمه الأساسية ومن تطلعاته ومصالحه. ولا يصح أن يطبق على مجتمع ميثاق مستمد من تجربة مجتمع آخر.

وحتى يسهل وضع مثل هذا الميثاق ويسهل تحقيقه يجب أن ينشأ شعور بالحاجة المتبادلة والمشتركة بين الدولة بمؤسساتها، من ناحية، وسكانها، من ناحية أخرى: أن يشعر أفراد المجتمع بأنهم يحتاجون الدولة، وأن تشعر الدولة بأهمية دور المجتمع الهام في المجال الاقتصادي والثقافي والسياسي.

وهذا العقد أو الميثاق أساس من أسس الديمقراطية أو مدماك من مداميكها. والإطار الديمقراطي من قبيل إجراء الانتخابات وصياغة الدستور والإعلان عن الأخذ به لا يكفي لإقامة نظام ديمقراطي دون أن تتوفر الظروف المواتية لممارسة هذا النظام من قبيل الحرية الفكرية، بما في ذلك حرية الإعراب عن الرأي، والمشاركة في الانتخابات الحرة ووجود منظمات المجتمع المدني التي تمارس نشاطاتها التي تشمل النهوض بالحقوق المدنية والسياسية والاقتصادية والدفاع عنها. وبذلك يقررون إلى حد كبير هوية الذين يتولون السلطات الرسمية. حتى تكون هذه المؤسسات الديمقراطية فعالة ينبغي أن تكون مستعملة وأن تكون مستفادا منها وممارسة. فإذا توفرت هذه المؤسسات دون أن تمارس لا يصح أن يقال إن النظام الديمقراطي قائم.

ومما من شأنه أن يسهم في إيجاد علاقات بناءة وإيجابية بين السلطات الرسمية للدولة وأفراد الشعب أن يراعي الواحد منهما الآخر، وأن ينشأ شعور لديهما باشتراك تبادل الحاجة بينهما، وأن يعي كل منهما بوجوب معرفة حدوده وبوجوب مراعاة هذه الحدود. ومما من شأنه أيضا أن يسهم في إيجاد علاقات بناءة وإيجابية بين السلطات الرسمية وأفراد الشعب أن يدركا تكاملهما وأن يتصرفا بوحي من هذا الإدراك وهذا التكامل.

وينبغي للسلطات الرسمية أن ترعى كل شرائح الشعب، ومنها شرائح الكتاب والأدباء والفنانين والمفكرين في مختلف مجالات الحياة. فهؤلاء ينبغي أن يشاركوا وهم في حالات معينة يشاركون مشاركة كبيرة في صناعة الوجدان والأفكار والقيم النبيلة والجميلة ويؤدون دورا ذا شأن في حماية الثقافة الوطنية وإثرائها وإخصابها وفي تعزيز الهوية القومية والإنسانية. وينبغي للسلطات الرسمية أن تؤمن لهم حضورا في الحياة السياسية والفكرية والثقافية للشعب. مما ينتقص قيمة الدولة والمجتمع عدم إيلاء الاعتبار للكتاب والأدباء والفنانين والمفكرين.

ومن المهم أن تنشأ وتتعزز هيئات وقوى المجتمع المدني التي تساعد على مراقبة الممارسين للسلطة الحكومية وغير الحكومية. ومن اللازم العمل على إيجاد هيئات ثقافية وفكرية وفنية وأدبية تكون من بين الهيئات المراقبة لسلوك المتولين للسلطة الحكومية وغير الحكومية.

وتختلف نظم الحكم بعضها عن بعض في مدى اتساع أو ضيق رقعة حرية الإعراب عن الفكر وفي مدى تحملها للاستماع إلى الفكر المخالف. كلما ضاقت هذه الرقعة وقل هذا التحمل تعززت السمة التسلطية والقمعية والقهرية لتلك النظم. وتختلف النظم الحكومية بعضها عن بعض في مدى تكرر تجاوزاتها وطغيانها للحفاظ على وجودها أو لسبب آخر، فكلما زاد تكرر هذه التجاوزات تعزز الطابع الباغي الإملائي للنظام. وتختلف بعضها عن بعض في مدى طمس أو وضوح الحدود بين خزانة الدولة وأموال المتولين للسلطات الرسمية، فكلما ازدادت الحدود انطماسا تعززت صفة الدولة المستبدة وكلما ازدادت الحدود وضوحا تعززت صفة الدولة الديمقراطية المساءلة. وتختلف بعضها عن بعض في مدى الاستقلال الذي تتمتع به الصحافة ومدى الحرية التي يتمتع بها اصحاب الفكر والقلم، فكلما زاد ذلك الاستقلال والحرية تعزز الطابع الديمقراطي للدولة.

وبسبب تخلف البلدان النامية في مجالات كثيرة، مجالات التنمية الاقتصادية والاجتماعية والثقافية ونشر التعليم ومحو الأمية واستكمال بناء مؤسسات الدولة، فإن المؤسسات العامة والحكومية في البلدان النامية يتعين عليها القيام بوظائف أكثر من الوظائف التي تقوم بها تلك المؤسسات في البلدان المتقدمة النمو.

وتؤدي المؤسسات الحكومية والعامة، من قبيل المحاكم والمجالس التشريعية والاستشارية، في كل أنحاء المعمورة دورا كبيرا في إيجاد اتجاهات فكرية وعقائدية وقيمية معينة وفي تشجيعها وتعزيزها. وحدث وما يزال يحدث احتكاك أو تصادم بين تلك المؤسسات وشرائح من الشعب لأن تلك الاتجاهات تستوحي المصالح والاعتبارات الأجنبية ولا تستلهم اعتبارات ومصالح الشعب، ما يؤدي إلى نشوء أو اتساع الفجوة بين مؤسسات الحكم والشعب.

إن ممارسة المؤسسات الحكومية والعامة لسلطاتها وتأكيدها لمشروعيتها يتوقفان على عوامل منها توليها لإدارة شؤونها وإمساكها بأداة القسر ووضع الأنظمة وتفردها بامتلاكها لقدر كبير من القوة لإنفاذ الأنظمة ولجعل السكان يمتثلون لإرادة تلك المؤسسات. ومن تلك العوامل أيضا تحقيق رضى سكان الدولة وقبولهم بالمعنى القيمي والعقائدي الذي يتجسد في ممارسات تلك المؤسسات ووجوه سلوكها. وبذلك تؤدي هذه المؤسسات دورا كبيرا في إيجاد الوعي الذي يعبر عن أيديولوجيتها وتوجهها. ويتم أداء هذا الدور بواسطة إنتاج القيم والرموز وإشاعتها وتنشئة السكان عليها. ويتم هذا الإنتاج والإشاعة والتنشئة عن طريق التثقيف والتوجيه القيمي والسياسي باستعمال وسائط الاتصال وباستعمال وسائل الترغيب والترهيب التي تمتلكها

تلك المؤسسات. وتوجد هذه المؤسسات هذا الوعي أيضا عن طريق تعهد فئات مثقفة بالرعاية واستمالتها عن طريق منحها امتيازات معنوية ومادية.

وتسهم في تحديد معالم هذه الأيديولوجية عوامل موضوعية وذاتية غير المؤسسات الحكومية والعامة. ومن هذه العوامل التاريخ والتراث وعوامل جغرافية وعرقية وبنية علاقات القوى الاجتماعية وبنية المحيط الاجتماعي وطبيعة التنشئة وطبيعة الثقافة السائدة والبيئة السياسية الخارجية. وهذه كلها تتفاعل مع وظائف وممارسات هيئات الدولة. وفيما يتعلق بالأيديولوجية الرسمية التي تسود معظم البلدان العربية كتب المفكر محمود أمين العالِم أن هذه الأيديولوجية "تتراوح داخل مركب أيديولوجي بنسب متفاوتة تجمع بين ... الفكر القومي المظهري والفكر الوضعي التحديثي الإجرائي والفكر الطائفي القبلي"(1) ويتخذ هذا المركب الأيديولوجي، في نظر العالِم، "أشكالا بالغة التنوع والتعقيد والخفاء والمراوغة، تتستر وراء مظاهر التحديث الخارجي البراني لإخفاء ما تتسم به من سيادة التخلف والتعصب والتسلط والجمود ... واللاعقلانية، والرؤى الجزئية والآنية والمصلحية المحدودة التي تفتقد الرؤية الاستراتيجية الشاملة والمنهجية الموضوعية العلمية. كما تخفي بهذا المركب الأيديولوجي اعتمادها الأساسي على القوى الخارجية في دعم مشروعيتها وحماية سلطانها". (2)

ومن أسباب هذا المركب الأيديولوجي تعدد مصادر القيم التي تسود المجتمع وتعدد أشكال أنماط الإنتاج وتعدد أشكال البنى الاجتماعية والسياسية والاقتصادية وتعدد مصادر الدخل والثروة. لوجوه تعدد هذه الأشكال دور فعال في تحديد طبيعة التوجهات الثقافية والقيمية والفكرية التي تسود المجتمع والدولة وتؤثر فيهما وفي تحديد طبيعة العلاقات العربية على المستوى الفردي والجماعي.

---

(1) محمود أمين العالِم، الفكر العربي بين الخصوصية والكونية، ص. 68.
(2) نفس المصدر.

الاحتقان السياسي والاجتماعي والسلطة

من السمات الرئيسية لحياة كثير من المجتمعات البشرية أنها متأزمة. ومن أسباب ذلك التأزم انعدام الديمقراطية وعدم اقتران الكلمة بالعمل والضحالة والتسطيح الفكريان والاحتقان الفكري والاجتماعي والنفسي وانعدام المساواة وحرمان المرأة من قدر كبير من الحقوق. وتختلف تلك المجتمعات بعضها عن بعض في مدى ذلك التأزم.

نظرا إلى القيود الحكومية وغير الحكومية المستمرة في مختلف المجالات فإن قسما كبيرا من البيانات الشفوية والمكتوبة في مختلف اللغات لا يعبر أو لا يعبر بما فيه الكفاية عن الواقع الاجتماعي التاريخي والنفسي للشعوب الناطقة بتلك اللغات. وينطبق ذلك على الواقع العربي. ذلك القسم معزول جزئيا أو كليا عن ذلك الواقع.

يمكن للديمقراطية أن تكون بناءة في ظروف سياسية واقتصادية وثقافية معينة في تخفيف – ولا نقول إزالة – التأزم الاجتماعي. ومما أسهم في حالة التأزم السياسي العربي وفي إقصاء نظام الشورى والنظام الديمقراطي هو أن الشعب العربي خضع أو أخضع منذ قرون لحكام أجانب غرباء أخضعوا الناس باستبدادهم وسطوتهم وبطشهم.

ومما يسهم في تأزم الحياة العربية أنه تنتشر في صفوف هذه الشعوب على تفاوت مؤسسات اجتماعية وسياسية، مثل الطائفية، تنافس وتزاحم السلطات التي ينبغي أن تكون ممارستها مقتصرة على الدولة. وتنتشر أيضا التيارات السياسية والاقتصادية الغربية والمنظمات الاجتماعية. يخلق انتشار هذه التيارات والمنظمات التضارب بين متطلباتها المتباينة دون أن تتوفر آليات المصالحة أو التعايش فيما بينها. وتتعمق التفاوتات بين شتى الطبقات الاجتماعية دون أن تتوفر آليات التعايش أو الإقناع الخالي من اللجوء إلى استعمال العنف. ويسود لدى جماعات غير قليلة الموقف المتمثل في "نحن" و"هُم". وتفشت الفردية المفرطة لدى قسم كبير من الناس، وهي الفردية التي لا تراعي الحدود اللازم مراعاتها ولا تبدي حساسية حيال الفئات الأخرى. وثمة قسط من الارتجال في اتخاذ القرار، ما يجعل القرار أحيانا كثيرة غير متصد على نحو واف لغرض تلبية الاحتياجات الضرورية للسكان.

وفي كثير من بلدان العالم النامي يسود مفهوم الرعية ولا يسود مفهوم المواطنة على الرغم من تشدق موظفي الدولة بها. والدولة النامية قوية وضعيفة في نفس الوقت: قوية تجاه رعايا الدولة، وهي تتدخل في المجالات التي يجب عليها ألا تتدخل فيها. ويتمثل ضعف الدولة في عدم النشوء والتطور الطبيعيين لمؤسسات الدولة، وفي عدم سلوك مؤسسات الدولة على النحو الطبيعي التقليدي والفجوة بين أفراد الشعب ومؤسسات الدولة. وكثير من أفراد المجتمع قلقون وخائفون.

ولا يُمارس قدر كاف من الحرية الفكرية. وما يسهم في تحقيق الحرية الفكرية وحرية الإعراب عن الرأي المختلف أو المخالف وفي شيوع النظام الديمقراطي نشوء المجتمع المدني القوي وتقليل تدخل السلطات الحكومية في شؤون المجتمع إلى الحد الأدنى الضروري. بيد أن المجتمع المدني غائب أو ضعيف في هذه البلدان. ومن أسباب ضعف أو انعدام المجتمع المدني احتواء السلطة الرسمية وغير الرسمية لنشوء هذا المجتمع. ومما من شأنه أن يسهم في إقامة المجتمع المدني نشوء الطبقة الوسطى. والطبقة الوسطى، على تفاوت تعاريفها، ضعيفة في المجتمعات النامية والمجتمعات المتقدمة النمو. وتعتمد الطبقة الوسطى في بعض البلدان العربية

اعتمادا كبيرا على الدخل الحكومي و/أو الدخل غير الحكومي، ما يضعف ممارسة تلك الطبقة للتأثير في رسم وإدارة السياسات العامة.

ومما يسهم أيضا في تأزم الحياة السياسية للشعوب النامية تاريخها الحافل بحالات تولي زمام الحكم بالعنف والاستئثار بالسلطة وقهر متولي السلطة للناس وشيوع النظام الاستبدادي والإملائي والطاغي. وفي هذا المجتمع ما تزال مسائل الإمامة والخلافة مثار اختلاف وخلاف. ولا يطمئن الفرد المخالف على ماله ونفسه وحريته.

ولعل من الصحيح القول إن الحياة العربية ما انفكت متأثرة بنمط حياة العرب في العصر الجاهلي الذي كان من سماته نشوب المعارك الطاحنة التي كانت تدور بين القبائل.

وعلى أساس تعريف السياسة بأنها استعمال وسائل لاكتساب القدرة على التأثير بغية تحقيق أهداف معينة فإن كل شيء مُسيَّس في الحياة والمجتمع والدولة في كل أنحاء العالم. السياسة تُمارَس مثلا في العائلة والمدرسة والمصنع والجمعيات الخيرية. وفي إيجاد التأثير السياسي وممارسته تُستعمل مختلف جوانب نشاطات الحياة. وتتمثل إحدى الطرق لمعالجة ظاهرة التوق الشديد لدى بعض الشعوب، ولعل العرب جزء منها، إلى اكتساب القوة السياسية في أن تنشأ في المجتمع مهن كثيرة يكتسب المرء بتعلمها وممارستها المكانة الاجتماعية والسياسية العليا. وأحد أسباب التوق القوي إلى اكتساب القوة السياسية هو أن الناس يقرنون علو المكانة باكتساب هذه القوة. ولمحاولة تخفيف أثر اكتساب هذه القوة في رفع المكانة يجب أن تنشأ مهن تؤدي ممارستها إلى اكتساب تلك المكانة.

وبسبب استبداد المتولين للسلطة الرسمية وغير الرسمية وطغيانهم لجأ كثيرون من الناس في محاولة الإعراب عن أفكارهم وعن انتقادهم وشكاواهم إلى طريقة الإعراب غير المباشر وإلى تخفيف لهجة الانتقاد والشكوى.

ويخضع العرب نظما ودولا وشعوبا لدول غربية. والسبب في ذلك أنهم ليسوا متحدين، أي لا تقوم علاقاتهم السياسية والاقتصادية على أساس شكل اتحادي، وليسوا متحدي الكلمة وليسوا متضامنين حقا رغم تعرض شعوبهم للاعتداءات التي تستلزم توحيد الكلمة. إنهم اثنتان وعشرون دولة. ونأمل في ألا يرتفع هذا العدد بتجزئة جهات فاعلة غربية لعدد من هذه الدول. ومن الجلي أن توحيد الكلمة أو السياسة أو التقيد بالتضامن أو بالتآزر من شأنه أن يسهم في تحقيق وحدة الخط حيال الدول الأخرى وأن يعزز احترام الجهات الأجنبية للعرب وأن يكفل فعالية نفوذهم الاقتصادي.

وتنبع كثرة الأزمات وحالات الفشل من عوامل كثيرة. والعامل الأهم هو انعدام النظام الديمقراطي وغياب البنى السياسية والاجتماعية والفكرية والمؤسسية المتمتعة بقدر من الحرية في إطار النظام الديمقراطي. ومن هذه البنى الجامعات والمنشورات المستقلة، وحرية النقاش وتبادل الرأي والتبادل الحر للأفكار، والانتخابات الحرة، والأمن الغذائي، ومحو الأمية في صفوف الرجال والنساء وتحسين وضع المرأة، وحماية حقوقها بوصفها أما وبنتا وأختا ومخلوقة وإنسانة، وجعل اتخاذ القرار، وخصوصا القرار الذي له أثر قومي ومصيري، عملية تشارك فيها مختلف الهيئات والجماعات والأفراد، من قبيل مجلس الشعب، وهيئات إجراء التحليل والبحوث المستقلة المتوخية للموضوعية، وعدم حرمان الحكومة للمواطن من جنسيته.

وبسبب جهل الشعوب في شمال أفريقيا وجنوب غرب آسيا لقدر كبير من تاريخها وتراثها وبسبب التأثر المفرط بالفكر الغربي وبسبب الغزو الثقافي الغربي فإن قسما كبيرا من فكر هذه الشعوب المعاصر مقاطِع وجاهل لماضي وتراث تلك الشعوب. ونظرا إلى أن تلك

الشعوب لا تعرف تراثها وماضيها بما فيه الكفاية فلا يمكن أن تنجح محاولاتها للتوفيق بين ماضيها وحاضرها. وبسبب التأثر المفرط بالثقافة الغربية فإن كثيرا من كتابات تلك الشعوب صدى للفكر الرأسمالي أو الفكر الوضعي في الغرب دون التيقن من مدى مناسبة هذا الفكر لاحتياجات تلك الشعوب. وقسم كبير من رموز التقدم والحضارة التي يشير إليها ناطقون بالعربية مستمد من الخارج وليس مستمدا من تراث شعوب تلك المنطقة وتاريخها وحاضرها على الرغم من كثرة العلماء والفلاسفة الذين نشأوا في تاريخ هذه المنطقة، من قبيل إبن خلدون وابن الهيثم وابن رشد وابن العربي. بيد أن ثمة بيانات من مفكري هذه المنطقة فيها يتجلى تفاعل فكرهم مع الفكر العالمي وتمثّله للفكر العالمي.

الفكر وممارسة الحرية والقيود عليها

من القضايا التي تستحق التناول الجاد قضية مفهوم الحرية. المفاهيم صيغ فكرية مجردة مثالية. والحرية هي جوهر الوجود البشري. الحرية هي الحياة، والحياة هي الحرية. الحياة دون حرية حياة ناقصة.

الحرية نزعة طبيعية في الإنسان. فهو بطبيعته نزّاع إلى الحرية. عدم قمع الطبيعة البشرية هو تحقيق الحرية. في الحالة الطبيعية تتحقق الحياة والخلق والإبداع.

وتقييد الحرية نتيجة عن السياق الاجتماعي والاقتصادي والثقافي والنفسي والتاريخي والإقليمي والدولي لشعب من الشعوب. ومن العناصر المكونة لذلك السياق حجم الضغوط الخارجية والداخلية الذاتية والموضوعية التي يتعرض لها نظام الحكم الرسمي، والظروف الاجتماعية والاقتصادية والنفسية السائدة من قبيل العدالة الاجتماعية ونزاهة واستقلال القضاء. ومما يقيد هذه الممارسة ايضا القيد الذاتي، أي القيد الذي يفرضه المرء عن وعي أو دون وعي على حرية سلوكه، نتيجة عن غلبة الجو المناوئ لممارسة الحرية وعن طريقة التنشئة التي نشىء عليها.

وليس من الصحيح أن نتناول قضية تقييد الحرية خارج هذا السياق. وبالتالي، لتخفيف حدة القيود التي تقيد الحرية يجب تغيير هذا السياق على نحو يقلل أثره المقيد للحرية ويؤدي الى توسيع هامشها. وتحقيق التنمية الاقتصادية المستدامة هو من العوامل الهامة في تحقيق حرية الإنسان. ولا يمكن تحقيق هذه التنمية في ظل الفقر والتضخم النقدي والبطالة والافتقار إلى الفرص المتكافئة.

من خصائص الحالة الاجتماعية أنها تضع قيودا على الحرية. ومدى الحرية الذي يبلغه شخص – سواء كان ذلك الشخص فردا أو شعبا أو جماعة – يتوقف على مدى تأثير العوامل غير الطبيعية في مدى ممارسة الحرية. مفهوم الحرية نابع من السياق الاجتماعي الذي تشكله تقاليد وعادات وممارسات ومؤسسات وقيم اجتماعية وثقافية وقوانين وثقافات ومواقف اجتماعية وأنظمة. في السياق الاجتماعي تقوم علاقات توجد القيم والوقائع التي تشكل هي بدورها هذه العلاقات وتكون هذه القيم والوقائع والعلاقات في مختلف المجالات، وتكون فردية وجماعية وذاتية وموضوعية وداخلية وخارجية. وتكون لها دوافع وغايات مختلفة، وتكون علاقتها أقوى أو أضعف بالماضي وبالحاضر وبالمستقبل. طبيعة العلاقات في هذا السياق هي التي تفرز مفهوم الحرية.

ويحدث تفاعل مستمر بين جميع هذه العوامل. ونظرا إلى نشاط هذا التفاعل فأثر كل من هذه العوامل يقل أو يتعزز باستمرار. وذلك كله سبب في كثرة مفاهيم الحرية وفي نسبيتها. والأبعاد الثقافية والاقتصادية والسياسية للسياق الاجتماعي أو الحالة الاجتماعية يختلف بعضها عن بعض في مدى تقييدها أو توسيعها لنطاق الحرية. في السياق الاجتماعي مفهوم الحرية مفهوم نسبي، وفيه فهم البشر للحرية هو الذي يحدد تعريفهم لها. ولذلك توجد مفاهيم عديدة للحرية. إن الجو العام الذي تشكله الظروف الاجتماعية بالمعنى الأعم، أي الظروف الاقتصادية والثقافية والسياسية والتاريخية والنفسية، والعوامل الداخلية والخارجية (بما في ذلك العوامل الإقليمية والدولية) والقِيم والتصورات والاعتبارات والمصالح ومختلف التيارات الفكرية تحدد نسبية مفهوم الحرية.

ويفقد مفهوم الحرية نسبيته في مفهوم الحرية المجرد. وهذا المفهوم يكون مجردا من سياق الواقع الاجتماعي. مفهوم الحرية المجرد يتجاوز المأذون به دينيا وقانونيا وسياسيا. الحرية بوصفها صفة ونزعة طبيعيتين تتجاوز قيود الظواهر الاجتماعية بالمعنى الأعم. في واقع المجتمع البشري لا تمارس حرية مطلقة. الحرية في سياق الواقع الاجتماعي مقيدة بايلاء الاعتبار لسلامة الشعب وحمايته وحماية كرامته. بيد أن هذه الصياغة تنطوي على إشكال. ويتمثل هذا الإشكال في أن لمختلف الناس في الوقت الواحد وخلال أوقات متعاقبة مفاهيم وقراءات مختلفة لسلامة الشعب وحمايته ولكيفية ضمان هذه السلامة وحمايتها.

ويمكن أن تعتبر الحرية وسيلة لتحقيق هدف من الأهداف الإجتماعية والسياسية والثقافية والإقتصادية والنفسية والبيولوجية أو هدفا في حد ذاته. وباعتبار الحرية وسيلة لتحقيق هدف تكون مقيدة بالهدف، وتكون محدودة بحدوده. والحرية في الحالة الثانية تكون أوسع نطاقا وأشد انطلاقا، لأنها لا تقيدها عوامل خارجة عن ذاتها. ويكون تحقيق الإنطلاق الفكري والإبداع الفكري والتحليق الخيالي أيسر في الحالة الثانية مما هو في الحالة الأولى. وتحدث الحالة الأولى لدى الفرد والجماعة قبل بلوغ الحالة الثانية. ويوجد أثر متبادل بين الأولى والثانية، فباستعمال الحرية وسيلة لتحقيق هدف إجتماعي أو نفسي أو بيولوجي يسهل انطلاق الذات لغرض الإنطلاق والتحليق، ويسهل دخول الذات في العوالم التي تخلو من القيود الإجتماعية والنفسية والبيولوجية أو التي تقل فيها هذه القيود.

وفي السياق الإجتماعي لا يبلغ فهم صيغة فكرية مستوى الصيغة الفكرية المجردة المثالية. ففي السياق الإجتماعي لا تبلغ ممارسة الديمقراطية، على سبيل المثال، مستوى مفهوم الديمقراطية المجرد المثالي. بهذا المعنى في سياق الواقع الاجتماعي لا توجد في الممارسة حرية مطلقة لا تتقيد بشيء. فالحرية في الممارسة في الواقع الاجتماعي لا بد من أن تكون مقيدة بمستلزمات ذلك السياق، بقيود يفرضها النظام الثقافي الاجتماعي النفسي القيمي السائد. في إطار هذا السياق نفسه يقل حيز ممارسة الحرية أو يتسع تبعا لطبيعة العوامل الاجتماعية والثقافية والنفسية والقيمية والتاريخية وتبعا لتفاعلها ولنتائج هذا التفاعل. وبما أن حيز ممارسة الحرية في السياق الاجتماعي مرهون بطبيعة تلك العوامل وبمدى حضورها في هذا السياق وبنتائج تفاعلها فإن مفهوم الحرية في الممارسة مفهوم دينامي. ويقوم تأثير متبادل مستمر بين النزعة الى الحرية وممارستها في السياق الاجتماعي والنزعة اليها خارج هذا السياق. والحالة المثلى، من منظور ممارسة الحرية، هي أن تضيق الفجوة إلى أقصى حد بين ممارسة الحرية في الواقع الاجتماعي والشعور بالحرية التي ننشد تحقيقها وممارستها. ومهما ضاقت تلك الفجوة فلن تردم لأن الشعور بالحرية والنزعة والتوق إليها وانطلاقها أبعد وأوسع كثيرا من الحرية الممارسة في السياق الاجتماعي الذي تفرض معالمه العواملُ المكونة لذلك السياق.

وممارسة الحرية مقياس هام جدا في تحديد طبيعة النظام: هل هو ديمقراطي أم شمولي. وتختلف البلدان بعضها عن بعض في مدى اتساع أو ضيق هامش الحرية. تخضع حرية السلوك والفكر والتعبير لكثير من القيود والضغوط والضوابط في أماكن كثيرة. وتشهد بلدان كثيرة قيام هيئات الحكم بمصادرة الحريات وبملاحقة الذين يرفعون صوتهم بانتقاد هذه المصادرة. وفي الحقيقة لا يوجد بلد في العالم يتمتع الناس فيه بالحرية المطلقة. وتختلف كل الدول بعضها عن بعض في مدى شدة وحدة القيود المفروضة على الحرية وفي كيفية معاملة الهيئات الحكومية والاجتماعية للناس الذين لا يتقيدون بالقيود المفروضة على الحرية.

والشعوب النامية تعاني من قدر كبير من المعاناة. ويعتورها قدر كبير من الضعف. ويقع قدر كبير من المسؤولية عن معاناة هذه الشعوب وضعفها على عاتق الهيئات الحكومية وغير الحكومية وأيضا على عاتق جهات أجنبية لها مصالحها القوية في البلدان النامية. لقد قيدت حكومات هذه البلدان حرية التفكير والسلوك والتعبير. والأغلبية الساحقة من هذه البلدان تعيش في ظل نظم استبدادية. وعلى الرغم من أن دولا غربية تنسب إلى نفسها الأخذ بالنظام الديمقراطي فإنها هي التي أسهمت إسهاما كبيرا في إيجاد هذه النظم وفي حراستها وحمايتها.

عن طريق ممارسة الحرية تكون للمرء قراءته الخاصة به لوظيفة العقل والسلطة ولمعنى الحرية والعدالة وتفسير الظواهر الاجتماعية.

ومصادرة السلطات الحكومية للحرية تبعد مؤسسة الدولة عن المجتمع والشعب وتجعل الناس الملاحَقين يقاومون السلطة الحكومية وينتقدون سياساتها القمعية ويعترضون عليها، وتجعل الدولة تبدو لأفراد المجتمع أداة تسلطية، وتجعل أفرادا يتخفون وراء الادعاء بالانتماء إلى حركات أقل انتقادا للهيئات الحكومية.

ومن العناصر المكونة لذلك السياق طبيعة التفسير الذي يعطيه الفرد أو الجماعة لتلك العوامل: هل هو تفسير نصي أم تفسير أكثر مراعاة للظروف المحيطة؛ وهل هو تفسير منغلق أم منفتح فكريا؟ والتفسير المنفتح فكريا هو التفسير الذي يراعي نشاط (دينامية) العلاقة بين تلك العوامل والظروف المحيطة والحاجات القائمة. ودينامية العلاقة هي التفاعل المستمر بين عامل من تلك العوامل وتلك الظروف والحاجات. وكثرة المحظورات على الفعل في الحياة الاجتماعية، وعلى وجه الخصوص المحظورات النابعة من توجيهات المتولين للسلطة الحكومية، تدل على النقص في ممارسة الحرية.

ويقترن تقييد نطاق الحرية بالمساس بالممارسة الديمقراطية والمشاركة السياسية. ولا يمكن تحقيق قدر كبير من الحرية دون الممارسة الديمقراطية التي من تجلياتها المشاركة السياسية. والواقع أن كثيرا من الفئات والشرائح والطبقات في كل دول العالم ليس لها تمثيل في عملية صنع القرار السياسي الرسمي وأن كثيرا ممن هم في مواقع اتخاذ هذا القرار ليست لديهم قوة في المجتمع.

والحرية الاجتماعية بمعناها الأوسع، أي الحرية في مجالات الفن والثقافة والاقتصاد والسياسة، لن تحقق دون تحقيق الحرية السياسية. بانعدام الحرية السياسية تنعدم الحرية الاجتماعية، لأن الحرية الاجتماعية، عند انتفاء الحرية السياسية، تصبح خاضعة للممارسات والنزوات السياسية الطاغية الباغية الطليقة العنان دون أن تضبطها وتقيدها وتوجهها الحرية الاجتماعية.

وفي أحيان كثيرة، كما شاهدنا في التاريخ العربي، يأتي الطغيان السياسي من الخارج، متمثلا في الاستعمار التقليدي أو الجديد. ويأتي الطغيان السياسي أحيانا من الداخل، وأحيانا تتكاتف قوى الطغيان السياسي الداخلية والخارجية، لمختلف الأسباب، من أهمها التقاء مصالحها، مصالح تولي السلطة وإدارة دفة شؤون البلد والمصالح الاقتصادية والاستراتيجية. وبالتالي تتضح أهمية توفر الحرية الاجتماعية لضبط وكبح الطغيان السياسي الناشئ عن الداخل والخارج.

ولدى الحكومات السلطة العسكرية والتنفيذية والإنفاذية العليا في الدولة. والحكومات هي الجهة الوحيدة التي في يدها زمام ممارسة سلطات إحلال النظام من قبيل الجيش والشرطة. وهي التي في يدها زمام اتخاذ المبادرات في مجالات العمران والتنمية الاجتماعية والاقتصادية.

وهي التي تضع الميزانيات ووجوه إنفاق الأموال. وبحكم هذه الحقائق يمكن للحكومات أن تلبي رغبات الشعب وأن تحقق آماله وتطلعاته. وبالتالي فإن المسؤولية الكبرى والأولى عن غياب قدر كبير من حرية الفكر والسلوك في البلدان النامية وعن قيام أزمة الديمقراطية في كثير من هذه البلدان وعن شكوى الشعب من القمع والقهر وعن التوتر والتناحر الحاصلين بين شرائح المجتمع وأيضا بين تلك الشرائح والحكومة تقع على عاتق الحكومات.

ونظرا إلى سياسات الحكومات غير المراعية لرغبات وحاجات الشعب فإن كثيرين من الذين يتخذون القرار في كل بلدان العالم، وعلى وجه الخصوص في البلدان النامية، لا يحظون بتأييد أغلبية أفراد الشعب في كثير من القضايا. وتمنع الحكومات المنتقدين لها من تولي زمام السلطة. وبالتالي تكبت الأجهزة الحكومية الحرية السياسية والفكرية والاجتماعية. وأوجد سلوك الحكومات هذا ولا يزال يوجد استياء وسخطا لدى الناس.

وكما أن للحرية جوانب مختلفة، فإن لقمع الحرية جوانب مختلفة. الحرية نسق عام وقمع الحرية نسق عام. تترابط جوانب الحرية بعضها ببعض، وتترابط جوانب قمع الحرية بعضها ببعض. فإذا توفر قدر من حرية التعبير فمعنى ذلك توفر قدر من حرية النشر ومن حرية التجمع ومن حرية التظاهر ومن حرية الإبداع ومن حرية الفكر ومن حرية الانتخاب وحرية النقد وقدر من إحلال نظام قانوني ومن استقلال القضاء ومن الحرية الأكاديمية. وإذا توفر قدر من قمع حرية التعبير اقترن هذا بقدر من منع حرية النشر وحظر حرية الفكر وحظر حرية الانتخاب وحظر حرية الابداع وحظر حرية الصحافة وحرية النقد ومن قمع الحرية الأكاديمية والإرادة العامة.

ومشهد البلدان النامية، ومنها البلدان العربية، فيما يتعلق بحرية التعبير السياسي والاجتماعي مشهد يبعث على الحزن والرثاء. في معظم هذه البلدان لا تتوفر الحرية، خصوصا حرية الفكر والتعبير: يوجد قدر كبير من تكميم فم الصحافة، ومن إغلاق للصحف المناوئة للحكومة، ومن اعتقال كثير من الصحافيين ورجال الفكر. وتحظر على كثير من الأحزاب ممارسة النشاط السياسي، والانتخابات يساء إجراؤها، ونتائجها تزور، والقضاء لا يتمتع بقدر معقول من الاستقلال، ودائرة المشاركة في الحكم ضيقة، والسلطة الحكومية لا تتقيد بالقوانين الموضوعة، والنظم الحاكمة تعادي الديمقراطية، وتفتقر النظم إلى الطابع التمثيلي، والفساد الاجتماعي والاقتصادي والسياسي مستشر على الصعيدين الرسمي وغير الرسمي، وقوانين وأنظمة الطوارئ منتشرة في قسم كبير من تلك البلدان، وسيف الأحكام العرفية وغضب الحكام مسلط على رقاب العباد.

ويتدخل الحكام في الجهاز القضائي ولهم الغلبة على هذا الجهاز. ولا يوجد شفوف في عملية اتخاذ القرارات. والأغلبية الكبيرة من الهيئات الحكومية في البلدان النامية لا تحتمل الانتقاد. عتبة احتمال هذه الهيئات للانتقاد وللصراحة منخفضة. ولا يوجد قدر كاف من المساءلة للحكام، ولا يقبلون بأن يكونوا مساءلين.

ولدى الهيئات الحكومية ميل أكبر إلى القبول بالتزوير وبالنفاق وبالسكوت عن ذكر الحقيقة وبالسلوك القطيعي، وبقبول وضع "الرأس مع الرؤوس" وبعدم إسماع الرأي وبإخفاء ما لا يحب الحاكم أن يسمعه.

ومن طبيعة ممارسات الهيئات الحكومية أنها انتقائية في ممارساتها. يسمح الحكام لأنفسهم بما لا يسمحون لغيرهم ولا يسمحون لغيرهم بما لا يسمحون به لأنفسهم. نجد هنا الكيل بمكيالين. وتقمع هذه الهيئات تيارات وقوى لا تريد تلك الهيئات أن تمارس نشاطاتها أو تعاديها

تلك الهيئات لأغراض معينة، ولا تقوم تلك الهيئات بقمع تيارات وقوى أخرى وذلك لأنها لا ترى أن تلك التيارات والقوى مصدر خطر عليها. وبتأثير من جهات خارجية قد تقمع الهيئات الحكومية أو قد لا تقمع تيارات وقوى معينة. تؤدي هذه الانتقائية إلى عدم التوازن في سلوك الهيئات الحكومية، ما يؤدي الى عدم التوازن في حضور التيارات والقوى في المجتمع. وتفسير الحكام للأمور هو الرؤية المقبولة السائدة، والتفاسير الأخرى غير المقبولة من جانب الحكام مرفوضة.

الحرية الأكاديمية من أشكال الحرية التي يمكن أن يكون البشر قادرين على تحقيق قدر أكبر منها. ولا يمكن تحقيق قدر أكبر من الحرية الأكاديمية إلا إذا تمتعت الحياة الجامعية بقدر أكبر من الحرية. وتوجد قيود على حرية الحياة الجامعية، ومن هذه القيود حاجة الجامعة إلى المال الذي يمكن أن توفره الحكومة ومؤسسات غير حكومية عديدة. وبسبب حاجة الجامعة المادية ولأنها جزء من المجتمع فلا بد من أن تكون الحياة الجامعية متأثرة بالدولة ومؤسسات اجتماعية أخرى.

هل يوجد خط فاصل بين حرية المبدع، من ناحية، وعدم المساس بمجموعة القيم والمشاعر والمعتقدات والأفكار الأساسية التي يتبناها الشعب والمجتمع، من ناحية ثانية؟ ليس من السهل الإجابة على هذا السؤال. لا يمكن وضع خطوط دقيقة نهائية فاصلة بين الحرية وعدم المساس بتلك المجموعة. ولا يمكن القول إن الحرية تبدأ من هنا وتنتهي هنا. توجد مواضيع يجرح الخوض فيها مشاعر الناس أو قسما منهم. ولا مفر من أن يدخل الانطلاق الفكري والحرية الفكرية مجالات أو فضاءات يصطدمان فيها بتلك المجموعة.

إن الفلسفة والدين والثقافة والحياة تختلف بعضها عن بعض في نهجها في التعامل مع البشر. من هذه الظواهر مثل الثقافة ما يكون العنصر الأقوى في طبيعتها العنصر التوجيهي والعنصر ذا التوجه القيمي والمعياري. ومنها، مثل الفلسفة النظرية، ما لا يكون العنصر الأقوى في طبيعتها عنصر التوجيه، ولكن عنصر الانطلاق الفكري غير المقيد. وفي البعد الأحيائي (البيولوجي) للوجود يقوى عنصر الضرورات والحتميات الموضوعية الطبيعية ويضعف دور التوجيه القيمي.

من هذه الظواهر المتباينة كلما ازداد مفهوم الحرية انبثاقا من منظور يقوى فيه التوجيه القيمي الذاتي المعياري قل اتساع مفهوم الحرية. وبالعكس، أي كلما ازداد مفهوم الحرية انبثاقا من منظور يضعف فيه التوجه القيمي الذاتي المعياري ازداد مفهوم الحرية اتساعا. وبالتالي فإن مفهوم الحرية من المنظور الفلسفي والبيولوجي أكثر اتساعا من مفهوم الحرية من المنظور الاجتماعي أو السياسي أو الاقتصادي.

ومما تتصل بمدى الحرية مراعاة السياق الاجتماعي والنفسي المعين عند تطبيق أفكار أو نماذج فكرية. إذا لم يراع ذلك السياق يكون ذلك التطبيق الفكري مفروضا فرضا على المجتمع. السياق الاجتماعي لا بد من أن يؤثر في الفكر عند محاولة تطبيق الفكر. وأحيانا يرمي الفكر إلى تغيير السياق. وحتى في هذه الحالات لا بد من أن يكون أثر للسياق. ولهذا الأثر تجلياته، منها إدخال بعض التغيير في اتجاه أو مرمى الفكر. ومهما يكن الفكر الذي يأخذ أفراد الشعب به لا بد دائما من التسليم بعدد من القيم والأخذ بها، ومنها الحرية الفكرية واستقلال الفكر وعدم قمع الآخر لمجرد مخالفته أو حتى اختلافه، والانطلاق من أن معرفة الحقيقة ليست قصرا على أحد.

المثقف: التهميش وأصحاب السلطة الحكومية

معيار الثقافة، في نظري، ليس عدد السنوات التي ينفقها المرء (والمرأة طبعا) في مؤسسة دراسية معينة، من قبيل الكلية أو الجامعة أو المدرسة الثانوية، فحسب. وليس قدر المعلومات والمعارف التي يعرفها فحسب. معيار الثقافة هو أيضا كيفية تناول المرء للقضايا. ولا شك في أنه توجد علاقة متبادلة بين طبيعة تلك الكيفية، من ناحية، وسنوات الدراسة وقدر المعارف، من ناحية أخرى. ولدى المثقف ميل أكبر بالمتوسط إلى التعامل مع الأفكار وإلى التحليل والنقد والتجريد، وفي تعامله مع الأفكار لديه ميل أكبر بالمتوسط إلى تجاوز بعض الأفكار المألوفة أو رفضها أو الإتيان بغيرها، ربما لأنه قد تكشفت له عيوب فيها أو اعتقد بأن الحالة تتطلب تغيير الأفكار والإتيان بأفكارغيرها أو بأن الحالة السياسية والاجتماعية والاقتصادية والنفسية مزرية وبأن تغيير هذه الحالة يتطلب تغيير الأفكار السائدة التي تستمد الحالة قوتَها منها.

ويختلف المثقفون بعضهم عن بعض في مدى توفر بعض الصفات فيهم، مثل عمق فكرهم أو ضحالته، وأصالته أو تقليده ومحاكاته، وضيقه أو سعته، وأثرتهم أو إيثارهم، والتزامهم أو تحللهم الخُلقي والقومي والإنساني.

ولمدى توفر هذه الصفات فيهم أثر بالغ الأهمية في تحديد مواقفهم، ويُعرّف الموقف بأنه تحديد المرء لحالة من الحالات، وسلوكهم حيال طبيعة نظام الحكم.

وفي معظم البلدان النامية يُمارس الاستبداد والطغيان الحكوميان والاجتماعيان وتنعدم الحرية ويغيب الحوار والديمقراطية ويُحظر توجيه النقد إلى الممسكين بمقاليد السلطة الحكومية وغير الحكومية.

وللناس جميعا مفهوم للمحافظة على ذواتهم، مما يجعلهم أقل استعدادا للحوار المتعلق بالسياسة والحكم والفكر والحرية والديمقراطية والإرادة والتغيير ولقبول التعددية الفكرية وديمقراطية الحكم، إذا شعروا بأن الحوار قد ينال من مصالحهم كما يتصورونها، وأكثر ميلا إلى الالتفات إلى أنفسهم. بيد أن المثقفين في المتوسط قد يبدون قدرا من الاستعداد لهذا الحوار أكبر من القدر الذي يبديه المتولون للسلطة الحكومية والاجتماعية، وذلك لاحتمال أن يفضي هذا الحوار والتعددية والديمقراطية إلى فقد أصحاب السلطة لسلطتهم.

ومما يساعد الممسكين بزمام السلطة في ممارسة الضغط والكبت والقمع هو انعدام أو ضعف بنى اجتماعية واقتصادية وسياسية وثقافية توجد حيزا معينا لممارسة حرية الإعراب عن الفكر دون خوف من نتائج ذلك الإعراب. ومن هذه البنى منظمات المجتمع المدني والمؤسسات الديمقراطية وتعزيز الطبقة الوسطى وفصل السلطات الثلاث التنفيذية والتشريعية والقضائية وتوفر فرص العمل والوازع الخلقي واستقلال إدارة إيرادات الأوقاف عن الممسكين بمقاليد السلطة ومساواة مختلف الشرائح السكانية أمام القانون والدستور وعدم تفضيل الممسكين بمقاليد السلطة الحكومية لفئة معينة على فئات أخرى من فئات الشعب. وانعدام أو ضعف هذه البنى يعني انعدام الكوابح والضوابط التي تمارس على مؤسسات السلطة الحكومية وغير الحكومية.

والمثقف الدارس والمحلل لديه قدر أكبر في المتوسط من الميل إلى عدم الرضاء عن الواقع الذي يعاني منه ويعرفه ولديه قدر أكبر من الميل إلى دراسة هذا الواقع واقتراحات للحل يراها صحيحة.

ويختلف المثقفون بعضهم عن بعض في طبيعة علاقتهم بأصحاب السلطة الحكومية وغير الحكومية. والصفات المذكورة أعلاه لها بالغ الأهمية في تحديد طبيعة علاقة المثقفين بهم. ثمة مثقفون حريصون على التمتع بقدر كبير من الاستقلال الفكري وعلى تحقيق قدر أكبر من الموضوعية. ولا يوجد استقلال فكري وموضوعية كاملان؛ إنهما نسبيان. وحرصهم هذا لا يعني بالضرورة تحقيق القدر من الاستقلال والموضوعية اللذين يحرصون على تحقيقهما. إن لديهم إيمانا بأهمية حرية التعبير عن الرأي وهم ليسوا على استعداد لأن يهجروا مُثُلهم العليا، مُثُل المؤمن بمبادئه والمضحي من أجلها. وفي مواقفهم وسلوكهم يؤدي الالتزام بقضايا الأمة والشعب ومصلحة المجموع دورا أكبر. وتتسم بياناتهم الشفوية والمكتوبة بميل أكبر الى انتقاد الظلم والقمع والقهر في مختلف الميادين. وينأى قسم من المثقفين، بسبب القمع الاجتماعي والسياسي والفكري وكبتهم النفسي ونزعتهم الفكرية، عن تسخير فكرهم وأقلامهم لخدمة الذين يديرون دفة الحكم، وينزوي بعضهم في صوامعهم الفكرية عن الحياة الواقعية. ويبقى هؤلاء مؤمنين بالحرية الفكرية رغم ما يتعرضون له من القمع والقهر والحرمان والمطاردة. إنهم لا يطأطئون رؤوسهم تهالكا على مال أو طمعا بسلطان أو بجاه. لا يحرفهم المال أو الجاه عن نشر نقدهم للقمع والقهر وسخطهم على الفاسدين واستنكارهم للهوان القومي بسبب المواقف المستكينة التي قد يتخذها الممسكون بزمام السلطة الحكومية. لا ينصاعون لأوامر الحاكم المغري بالذهب لأنهم ينفرون من لمعانه الذي يعمي عن قول الحقيقة، ويريد هؤلاء أن يقولوا ما يعتقدون بأنه الحقيقة، ولأن نفوسهم أكثر شموخا من أن يسمحوا للمال بأن يقتحم جدران معابدهم المقدسة.

وكثرة أو قلة المثقفين من هذا النوع تتوقف على عدة عوامل منها، كما ذكرنا، مدى توفر الصفات المذكورة ومدى حاجتهم المادية ومدى قسوة الضغط أو القمع الذي يمارسه الممسكون بزمام السلطة الحكومية.

ومن نافلة القول إنه يوجد في البلدان العربية مثقفون يتوفر لديهم قدر أكبر من النزاهة والصراحة والجدية والصدق في التعبير عن أفكارهم وأحاسيسهم وتتسم بياناتهم بالشجاعة والإخلاص للشعب والوطن وتميل نفوسهم عن تسخير نفوسهم خدمة لقضايا غير عادلة وعن السكوت عن القمع والاضطهاد بمختلف تجلياتهما.

وثمة مثقفون مأجورون ومفتقرون إلى قدر كبير من النزاهة والحياد والموضوعية. لقد خضعوا أو أخضعوا فطوعوا أنفسهم وسخروا أقلامهم ومعرفتهم وفكرهم للارتزاق ولخدمة ذوي السلطة في نظام اقتصادي أو طبقي أو إقطاعي بدون مراعاة للمُثُل العليا وللمصالح العامة. ومن المثقفين من يؤدي تبريرهم للوضع القائم وتسويغهم للشمولية دورا أكبر في مواقفهم وسلوكهم. ويعانون، شأنهم شأن سائر أفراد الشعب، من الكبت الفكري ومنهم من لا يبوح بفكرهم الحقيقي. والتحدي الذي يواجه المثقف أن يفكر في الواقع دون الارتهان لضغوطه.

ومن الجدير بالقول إن رؤى الذين يتولون السلطة الحكومية تختلف عن رؤى الشرائح المثقفة الملتزمة والمتوخية للموضوعية اختلافا كبيرا فيما يتعلق بالواقع الاجتماعي والاقتصادي والسياسي وبأسبابه وفيما يتعلق بالسياسات والنشاطات التي تقوم بها جهات أجنبية فاعلة داخل البلدان النامية. وينبع هذا الاختلاف من مصادر منها اختلاف أولويات المتولين للسلطة وأولويات تلك الشرائح وفرض المتولين للسلطة لقيود على نشاطاتها. ويفضي هذا الاختلاف في الرؤى الى التوتر والتشنج والاحتكاك والمواجهة بينهما.

وما انفك متولون لسلطات حكومية وغير حكومية في البلدان النامية يتخذون مواقف وينتهجون سياسات ويمارسون ممارسات سياسية واقتصادية معينة لا تتفق مع رؤى وتطلعات أفراد شعوبهم، ومنهم المثقفون، الذين لا يؤيدونها أو الذين يعترضون عليها أو يتحفظون عنها. وجعل موقف هؤلاء المثقفين تلك السلطات تصدر أوامر للمشرفين والمحررين والمخرجين والمقدمين في وسائط الإعلام بالتعتيم على هؤلاء المثقفين وعلى كتاباتهم. وبذل متولون لسلطات حكومية محاولات أيضا لتصرف هؤلاء الفرسان الشجعان عن تبليغ رسالتهم وعن إشاعة موقفهم ولتحولهم صوتا في جوقتها التي تعزف على إيقاع أصحاب تلك السلطات.

وأحيانا كثيرة يقوم رئيس التحرير ومساعدوه بالرقابة. بعض رؤساء التحرير ورؤساء مجالس الإدارات للصحف يخلطون بين العمل الكتابي وعمل الرقابة. بالإضافة الى قيامهم بالرقابة على المحررين وبتوجيههم الوجهة التي ترضي أصحاب السلطة الحكومية يقومون بتقديم التقارير عن آرائهم ومواقفهم الى أجهزة الأمن "الفكري والثقافي" والسياسي.

وعلى هذا النحو تصبح تلك الصحف والمجلات خادمة للرؤى والمصالح والأغراض السياسية والإقتصادية، وتكون أيضا منابر لخدمة وفرض موقف الحكومة التي لا يكون عملها بالضرورة بتوجيه ووحي المصالح الوطنية والمعيشية لشعوبها. وتشير دراسات اجتماعية وسلوكية وسياسية وحقائق تاريخية ومعاصرة الى إيلاء كثير من أصحاب السلطات الحكومية لاهتمامهم الأول لمصالحهم وأهدافهم حينما ينشأ تضارب بين أهداف ومصالح أصحاب السلطة، من ناحية، ومصالح وأهداف الشعب، من ناحية أخرى.

إن تأسيس الديمقراطية – أي إضفاء الطابع المؤسسي عليها – وخصوصا الديمقراطية السياسية شرط مسبق لا غنى عنه لنشوء الجو الملائم لممارسة قدر أكبر من الاستقلال الفكري والموضوعية، وهو الجو الذي يعبر فيه عن واقع الحياة العربية وعن تطلعات الشعوب العربية وآمالها وينافح فيه عن حقوق هذه الشعوب.

وتعرقل حالة كبت السلطات الحكومية للمثقفين – ولسائر أفراد الشعب - التطور الطبيعي السلس للمجتمع لان المجتمع الذي لا يمكن ان يتطور تطورا طبيعيا سلسا دون توفر الاستقلال النسبي للفكر والنقد اللازمين لتسليط الضوء على بدائل السياسة وبدائل العمل المتاحة ولإتاحة الحوار الحقيقي بين الآراء لما فيه مصلحة الشعب مجتمع من الأصعب تحقيق تطوره الطبيعي السلس.

ومن أسباب تهميش الممسكين لمقاليد السلطات للمثقفين عقل هؤلاء الممسكين الذي لا يقبل الرأي الآخر والرأي المستقل. ذلك العقل يعتبر ان دعوة المثقف الى التغيير – وهذه دعوة يطلقها كثيرون من المثقفين – تهز سلطة أصحاب السلطة الحكومية وتضعفها.

ومن الجدير بالذكر أن بعض المثقفين ارتكبوا ويرتكبون أخطاء فكرية فاحشة، ومن هذه الاخطاء الانبهار دون مبرر بالافكار الجديدة وقبولها او بالاتجاهات او بالمدارس الفكرية دون التروي والدراسة الوافية وتقليب الرأي فيها لمعرفة مدى صحتها وملاءمتها للحالة التي يمر شعب من الشعوب بها. وعلى هذا النحو يكون احيانا كثيرة موقفهم هذا مفتقرا الى التوازن والى الاصالة وإلى مراعاة متطلبات الحالة التي تمر الشعوب العربية بها. وموقف المثقفين هذا يؤدي الى ردة فعل من جانب فئات اخرى مخالفة لفكرهم هذا، ردة فعل تكون حدتها احيانا معادلة للاثر الذي يمكن لموقف اولئكم المثقفين ان يسببه.

ان قيام مثقفين وغيرهم باحتضان تيارات فكرية اجنبية دون ان يقوموا بدراستها واكتهانها على نحو واف، ودون معرفة صحتها وصلاحيتها وملاءمتها لظروف المجتمع ولقيمه

وفلسفته في الحياة، ودون مراعاة للظروف الخاصة التي تمر بها الشعوب العربية – نقول إن الاحتضان لهذه التيارات هو بمثابة اعتداء على المجتمع، وهو ينم عن جهلهم ويشي بعدم جديتهم. وهذا الاحتضان هو السبب الاهم في دعوة بعض الناس الى الانكفاء، محاولة لحماية الذات، والى الحيطة والحذر من الفكر الوافد الغريب غير المدروس وغير المعروف.

المجتمع المدني: بعض أسباب الضعف الذي يعتوره

تتكون قيم المجتمع المدني من فردية الشخص الإنسان، والمواطنة وحقوق المواطنة، وحقه في ممارسة معتقداته، واحترام خصوصية الإنسان، وحقه في فكره وفي حق المواطن في الدفاع عن أسرته وممتلكاته وفي اللجوء إلى الهيئة القضائية النزيهة وفي إتاحة فرص العمالة للمواطنين وغيرها. ويتكون المجتمع المدني من مختلف المؤسسات من قبيل الرابطات السياسية والفكرية والثقافية والعلمية والتاريخية والأدبية والرياضية والجمعيات الخيرية والتطوعية ومختلف أنواع النقابات والجماعات الإنتاجية والصناعية، ومنظمات حقوق الفرد والإنسان والمواطن. في هذه المنظمات تتجسد الهوية الثقافية والهويتان القومية والإنسانية، وبها تتعزز هذه الهويات.

وبين الدولة – التي تتكون من مجموعة من السكان على رقعة جغرافية محددة تحكمها هيئة ذات سلطة – ومؤسسات المجتمع المدني، إذا وجدت مثل هذه المؤسسات، تقوم فجوة واسعة أو ضيقة في كل الدول، وعلى وجه الخصوص البلدان النامية.

ومما تبعث على نشوء المجتمع المدني وتعزيزه هي ممارسة الديمقراطية السياسية والاجتماعية وإضفاء الطابع الديمقراطي على مؤسسات الدولة والمجتمع، وتوسيع نطاق هذه الممارسة وتفعيل حقوق الإنسان واحترام الحريات العامة. وتشمل ممارسة الديمقراطية ممارسة الأخذ والعطاء الفكريين، وممارسة الحوار في بلورة الأفكار والمواقف. وللمساعدة في نشوء المجتمع المدني من اللازم أن تبلور وتقبل مجموعة من الأفكار والقيم التي تشكل إطار سلوك مؤسسات الدولة والمجتمع وتنظم الحياة السياسية وتحول دون نشوب الصراعات بين مؤسسات الدولة ومؤسسات المجتمع. وتفتقر مجتمعات كثيرة في العالم النامي إلى هذه الممارسة، وفي بعض البلدان الغربية لا تمارس هذه الممارسات إلا عند حد معين ويتعرض من يتجاوز ذلك الحد إلى المعاقبة.

إن ظروف القمع والقهر السياسيين والاجتماعيين والفقر وانعدام الطبقة الوسطى أو ضعفها وغلبة النظام الأبوي (البطرياركي)، وسيطرة العشائرية وذيوع الولاء الاقطاعي والطائفي في بعض أنحاء الوطن العربي، وتعرض الشعوب العربية لموجات من الغزوات العسكرية الأجنبية من أوروبا والشرق وخضوع العرب مدة قرون للحكم الأجنبي – – كل هذه العوامل أعاقت ولا تزال تعيق نشوء المجتمع المدني القوي في البلدان العربية. لقد شهد تاريخ العرب تطبيق نظم حكم غريبة عنهم مثل نظام حكم المغول ونظام حكم السلاجقة ونظام حكم المماليك. وغربة هذه النظم عن العرب كانت عاملا هاما في إزالة أو إضعاف الظروف المؤدية إلى نشوء المجتمع المدني أو تعزيزه.

وتعاني شعوب العالم النامي من مشكلات اجتماعية وسياسية ونفسية كثيرة. ومن أجل الإسهام في حل هذه المشاكل أو جزء منها يجب إنشاء وتعزيز مؤسسات المجتمع المدني. ولتعزيز المجتمع المدني يجب أن يعزز النمو والتنمية الفكريان. ومن الطبيعي أن تختلف الأفكار والمواقف بعضها عن بعض وأن يكون لها حاملوها ومتخذوها. ولا يصح أن يفرض أصحاب تيار فكري معين رؤاهم على أصحاب التيارات الأخرى.

وليس من الصحيح الاعتقاد، كما يعتقد بعض الكتاب، بأن هذا الإنشاء والتعزيز من شأنهما أن يحلا كل المشكلات. حل المشكلات أو حتى قسم منها مرهون بتهيئة ظروف

اجتماعية وسياسية وثقافية ونفسية واقتصادية مواتية لتحقيق الحلول، وإنشاء وتعزيز مؤسسات المجتمع المدني من شأنهما أن يكونا جزءا من هذه الظروف. وإيجاد تلك الظروف عملية تراكمية، عملية ذات أبعاد مختلفة، عملية في سلسلة ذات حلقات. وإنشاء وتعزيز مؤسسات المجتمع المدني من شأنهما أن يكونا بُعدا واحدا مهما جدا أو حلقة من الحلقات التي تنتظمها سلسلة من المؤسسات اللازم توفرها للتصدي للمشاكل القائمة.

والكلام نفسه يصدق على مؤسسات من قبيل المؤسسات الديمقراطية من قبيل الأحزاب والبرلمان والصحافة. إقامة وتعزيز هذه المؤسسات ليس من شأنهما أن يحلا المشاكل كلها أو قسما منها، ولكن من شأنهما، بوصفهما جزءا من الظروف اللازم توفرها، أن يسهما في الحل. وكذلك الأمر بالنسبة إلى التنشئة الصالحة وتعميم التعليم على الذكور والإناث وإتاحة فرص العمالة، فمن شأنها، بوصفها جزءا من تلك الظروف، أن تسهم في حل المشاكل.

وحتى يزداد المجتمع قوة وتزداد معرفته بكيفية الدفاع عن نفسه وحتى يحقق قدرا كبيرا من التوازن ينبغي أن يكون الشعب أكثر إنتاجا وليس مستهلكا فحسب، وأن يكون مناقشا متفاعلا مرسلا وليس متلقيا فقط، وأن تكون حاجته المالية والاقتصادية إلى أصحاب السلطات الرسمية أقل وأن يكون لديه قدر أكبر من الوعي ومن الثقة والاعتزاز بالنفس.

هذه الظروف كلها وغيرها من شأنها، إن توفرت، أن يعزز بعضها بعضا. ومن شأن أي ظرف منها أن يكون هدفا بحد ذاته يُسعى إلى تحقيقه، وأن يكون أيضا وسيلة لتحقيق ظروف أخرى. فمن شأن إنشاء مؤسسات المجتمع المدني أن يسهم في دعم وتشجيع المفاهيم والمؤسسات الديمقراطية وفي تحقيق النشاط الاقتصادي الذي يعود بالنفع على أفراد الشعب ويقلل من اعتماد الدولة على جهات أجنبية، مما يسهم في تعزيز الاستقلال السياسي والاقتصادي للبلدان النامية.

وتؤدي مؤسسات المجتمع المدني وظائف، منها كبح طغيان هيئات السلطات الحكومية والسلطات غير الحكومية على حقوق المجتمع بمختلف شرائحه، وتمارس تلك المؤسسات قدرا كبيرا من الردع لتلك الهيئات في ظل النظام الديمقراطي أو النظام غير الديمقراطي، إذ يكون للموقف الذي تعرب تلك المؤسسات عنه أو تتخذه أثر رادع لتلك الهيئات.

وفي ايامنا هذه تكثر التأثيرات التي مصدرها الحكومات الأجنبية والشركات عبر الوطنية وآليات العولمة في الحياة داخل الدول. ويمكن لمؤسسات المجتمع المدني أن تؤدي وظيفة أخرى وهي تعزيز موقف هيئات السلطة الحكومية في الدولة التي تنتمي تلك المؤسسات إليها حيال تلك التأثيرات. وحتى تمارس مؤسسات المجتمع المدني دورها بفعالية في التصدي لتأثيرات الحكومات والشركات والجهات الفاعلة الأخرى الأجنبية من اللازم أن تكون العلاقات بين مؤسسات المجتمع المدني وهيئات السلطة الحكومية الداخلية علاقات لها من المراعاة لمواقف مؤسسات المجتمع المدني ما يجعلها تنبري للدفاع عن موقف هيئات السلطة الحكومية من الجهات الفاعلة الأجنبية.

وواقع الحال هو أن العلاقات بين مؤسسات المجتمع المدني وهيئات السلطة الحكومية متردية وسيئة ومتوترة ومحتقنة. وأحد الأسباب في ذلك أن هيئات السلطة الحكومية لا تراعي المراعاة الجادة الحقيقية مصالح واعتبارات مختلف شرائح الشعب ومؤسسات المجتمع المدني. ولا تراعي تلك الهيئات تلك المصالح والاعتبارات لأن تلك الهيئات تعتقد - خطأ - بأن مراعاتها لتلك المصالح والاعتبارات تفشل محاولات تلك الهيئات لمواصلة تولي السلطة الحكومية وأيضا لأن تلك الهيئات تربطها بالجهات الفاعلة الأجنبية مصالح سياسية واقتصادية

تتجاهل مصالح واعتبارات الشعب ولأن تلك الهيئات خاضعة أو مُخضَعة لإملاءات تلك الجهات الأجنبية.

وينشأ استياء وسخط لدى مختلف شرائح الشعب حيال هذه الحالة المزرية، وتنشأ فجوة قد تكون ضيقة فتزداد عمقا بين تطلعات المؤسسات الحاكمة وشرائح الشعب، وتنشأ توترات وانسدادات وتشنجات بسبب عدم الاستجابة لمصالح واعتبارات وتوقعات الشعب. وقد تنشأ حالة تتجاوز تلك الحالات شدة وقوة وإشكالا. وأحيانا كثيرة تكون الحالة العامة مهيأة لأن يجري تفعيل التعاون أو التعاضد بين الهيئات الحاكمة – التي أصبحت معزولة تقريبا في هذه الأثناء عن محيطها الداخلي – والجهات الفاعلة الأجنبية الطامحة والطامعة والمتربصة. ولهذا التعاضد وجوه منها التقاء مصالح الهيئات الحاكمة والجهات الفاعلة الأجنبية في إعاقة نشوء مؤسسات المجتمع المدني وفي إضعافها وحتى ضربها.

وبسبب عدم الأداء الفعال للهيئات الحاكمة في البلدان النامية في عملية التطوير والتحديث والوفاء بحاجات الشعب الضرورية توجه مؤسسات المجتمع المدني، إنْ وُجدت، الانتقادات إلى الهيئات الحاكمة، مما يزيد من سعة الفجوة بين تلك الهيئات والمؤسسات. ومما تسهم أيضا في تعميق الخلافات بين هيئات السلطات الحاكمة وتلك المؤسسات السمة غير الديمقراطية لتولي وممارسة السلطة الحاكمة في كثير من البلدان النامية.

ومما أسهمت في إضعاف أو إعاقة نشوء المجتمع المدني غلبة القيم الجاهلية قبل نشوء الإسلام وحس الاستعلاء على أصحاب المهن والحرف الحرة والصناعات وعلى المجتمع الحضري بسكانه في القرى والمدن في العهد الأموي والعهد العباسي وعهود أخرى في التاريخ العربي. كان لهذه النظرة أثر سلبي في سياق نشوء المجتمع الحضري والمدني الذي من المفترض والمتوقع أن يشكل أصحاب المهن والحرف الحرة والصناعات أحد أركانه الرئيسية. ولهذه النظرة أثر سلبي حتى أيامنا هذه في النسيج الاجتماعي العام وفي تحديد مواقف أو سلوك الناس.

وفي القرنين التاسع عشر والعشرين نادى رواد النهضة في الوطن العربي بإنشاء أو ترسيخ قيم ومؤسسات المجتمع المدني وبذلت محاولات لترسيخها. في هذين القرنين أنشئت نقابات وأحزاب سياسية ومنظمات مدنية عربية. ومن تلك المنظمات الجمعية العلمية السورية التي أنشئت سنة 1852 برئاسة محمد أرسلان، وجمعية الآداب والعلوم التي أنشأها بطرس البستاني وناصيف اليازجي في بيروت سنة 1847. ولكن نشاطات تلك الهيئات لم يكن لها أثر كبير في النسيج الاجتماعي، وبقيت قيم ومؤسسات المجتمع المدني غائبة أو ضعيفة.

المجتمع الصالح واستفادة السلطات الحكومية من الأبحاث

غني عن البيان أن إحدى الغايات التي ينبغي للبشر أن يسعوا إلى تحقيقها هي إقامة المجتمع الصالح. وإحدى الوسائل التي من اللازم التوسل بها لتحقيق إقامة هذا المجتمع هي أن تكون للفرد ثقة بنفسه (وذلك ينطبق طبعا على الجنس الأنثوي) وبشعبه واعتزاز بأمته والجوانب المشرقة من ثقافته وتراثه. هذه الثقة، فضلا عن كونها وسيلة لإقامة المجتمع الصالح، مثل أعلى وقيمة عليا يجب العمل من أجل تحقيقها.

وتحارب جهات فاعلة أجنبية الشعب العربي وتعتدي عليه وتطمع بثرواته. وتسعى هذه الجهات، وهي تنفذ سياساتها هذه، إلى إفقاد العرب لثقتهم بأنفسهم ولاعتزازهم بالجوانب المضيئة من ثقافتهم وحضارتهم. ومما يبعث على الأسف أن تلك الجهات حققت قدرا لا يستهان به من النجاح.

ومن الوسائل الأخرى لإقامة المجتمع الصالح القيام بالبحث العلمي، وتنشئة الفرد على القيم العربية والدينية والإنسانية السامية، من قبيل توفر الحس بالمسؤولية والمساءلة والاستقامة والحرية الفكرية والاستقلال الفكري بالاقتران بمراعاة مصلحة الشعب.

وتعاني شعوب الأرض كافة، على تفاوت متغير، من مختلف صنوف المعاناة: الفقر والأمية والمرض والإدمان على المخدرات والتسيب الخلقي وفقدان التماسك العائلي. والشعوب العربية، وسائر الشعوب النامية، شأنها شأن الشعوب الأخرى، تعاني في مختلف الميادين. وتسبب هذه المعاناة للناس المطلعين الواعين ردة فعل تتخذ أشكالا منها الشعور بالإحباط أو خيبة الأمل أو السخرية أو اللامبالاة أو السخط أو الاستياء.

وتعمل عوامل داخلية وخارجية في نشوء هذه الحالة. وهذه العوامل متداخلة ويحدث تفاعل مستمر فيما بينها. وهي إما من صنع الإنسان أو ليست من صنعه. ولكن، على الرغم من ذلك، يستطيع البشر أن يمارسوا قدرا كبيرا من التحكم بها والسيطرة عليها. فما صنعته يد الإنسان بمكن ليد الإنسان أن تغيره.

وعلى الرغم من تردي حالتنا فلا أظن أنها أسوأ الحالات. لقد مرت شعوب بظروف أشدترديا من الظروف التي تمر شعوب عربية بها. وعلى الرغم من هذه الظروف تمكنت تلك الشعوب من تغيير حالتها وتحسينها والتخلص من قدر كبير من عيوبها.

وفي الواقع أننا نفوق دولا كثيرة في مدى الإنجاز الحضاري الذي حققناه في مختلف الميادين. حققت البلدان العربية الاستقلال السياسي الذي كانت حركات التحرير القومي تكافح من أجله، وأقيم قدر كبير من البنية الأساسية، وأنشئت جامعات كثيرة تضم كليات للطب والهندسة بفروعها ولعلوم أخرى. وحقق بعض التقدم في إشاعة القراءة والكتابة وتم تحسين وضع المرأة، ونشأ المفكرون والمبدعون والعلماء والأدباء، من الشعراء والناثرين،والنقاد والفنانون من المغنين والموسيقيين والرسامين، وغير ذلك من وجوه التقدم الحضاري. ونظرا إلى مرارة واقعنا الاجتماعي والاقتصادي والنفسي وضخامة التحديات الخارجية التي يواجهها العرب أفرادا وشعوبا ودولا لم تف هذه المنجزات بغرض مسايرة الركب الحضاري العالمي السريع الحركة.

ومن التحديات التي تواجه العرب تحويل المجتمع العربي من مجتمع ضعيف إلى مجتمع قوي اقتصاديا وعلميا وثقافيا واجتماعيا، وإخراجه من التخلف صوب السير على مسار

التطور والنهضة. ومن واجب هيئات كثيرة حكومية وغير حكومية أن تجدّ في تقوية المجتمع وفي دفعه إلى مسايرة التقدم كما يراه العرب وينشدونه. ومن هذه الهيئات الجامعات التي من المفترض أن تكون أحد الأماكن الطبيعية لإجراء الأبحاث الاجتماعية والاقتصادية والاستراتيجية لتساعد على التخلص من وجوه ضعفنا وعلى تحقيق التقدم العلمي واكتساب المنعة القومية. إن حاجة التنمية العربية تستلزم زيادة عدد الدراسات ذات المستوى الرفيع التي تتناول قضايانا على الأمدين القريب والبعيد.

وتمس حاجة الجامعات ومراكز الأبحاث إلى الدعم المالي حتى تستطيع القيام بدورها بالغ الأهمية في التخلص من التخلف وفي تحقيق مزيد من التقدم. ولا أعتقد أنه توجد في العالم جامعة تتمتع بالاستقلال التام في سياستها وتخطيطها وتوجهها. بيد أن الجامعات تختلف بعضها عن بعض في مدى هذا الاستقلال.

وتقل في الوطن العربي المحافل الفكرية المستقلة. ومن مصلحة الشعوب العربية أن يزيد عدد تلك المحافل وأن تتمتع تلك المحافل بقدر أكبر من الاستقلال والحرية في دراساتها. فالاستقلال والحرية يتيحان لمراكز الأبحاث التوصل إلى استنتاجات تتضمن قدرا أكبر من التحليل والتفسير. وحتى تتوفر الجرأة والثقة لدى الباحثين من الضروري ألا يعتبرأصحاب السلطات الحكومية وغير الحكومية الاستنتاجات المستندة إلى التحليل والتفسير مستهدِفة لهم وألا يعتبروا أن هدف إجراء الأبحاث مجرد توجيه النقد لهم.

وفضلاعن ذلك، يجب إنشاء آلية في الدول العربية تربط بين الجامعات ومراكز الأبحاث والمنتديات الفكرية، من ناحية، وأوساط اتخاذ القرار في الدولة، من ناحية أخرى، وذلك حتى يزداد المجتمع والدولة استفادة من نتائج أبحاث هذه المؤسسات. في الوقت الحاضر لا تستفيد هذه الأوساط استفادة وافية من نتائج أبحاث هذه المؤسسات، وخصوصا الأبحاث المتناولة لقضايا قد تراها تلك الأوساط حساسة من قبيل بعض القضايا السياسية والاقتصادية والاستراتيجية. ومن هذه القضايا مدى استقلال القرار الحكومي العربي.

وتحظى نتائج الأبحاث لدى الأوساط الحكومية الغربية بقدر أكبر من المراعاة من القدر الذي تحظى به لدى الأوساط الحكومية في عدد كبير من بلدان العالم الثالث. وتقوم أسباب لذلك. وأحد هذه الأسباب انعدام أو ضعف تقاليد مراعاة نتائج الأبحاث لدى بلدان العالم الثالث. ولا يقدر بعض الأوساط الحكومية التقدير الوافي لأهمية الاستفادة من هذه النتائج في وضعها وتنفيذها لخططها وبرامجها.

وقد تظن تلك الأوساط أن مراعاة تلك النتائج مساس بسلطتها. وقد يكون ضعف مراعاة النتائج نابعا من التصور الخاطئ أو الصحيح لوجود اختلاف بين الأوساط الحكومية والمحافل التي تُجري الأبحاث. وانعدام أو ضعف مراعاة النتائج يعزى إلى أسباب منها ثقافة التفرد بممارسة السلطة، وهي الثقافة الموجودة، على تفاوت، في مختلف المجتمعات، وخصوصا البلدان النامية.

وتختلف الدول بعضها عن بعض في هدف آلية إيصال نتائج الأبحاث إلى المتولين للسلطة. يمكن أن يكون لهذا الإيصال هدف الاستناد على نحو كلي أو جزئي إلى النتائج في وضع الخطط وتنفيذها، والاطلاع عليها لتكون بمثابة خلفية فكرية قد تجول مضامينها في ذهن صانع القرار وهو يتخذ قراره. والحالة المثلى هي حالة الاستناد إلى النتائج – إذا كانت صحيحة ومناسبة – في وضع الخطط وتنفيذها. وكلما زاد دور نتائج الأبحاث السليمة في وضع الخطط وتنفيذها زادت المنفعة التي تجنيها الدولة والمجتمع منها.

المفهوم الإسلامي والمفهوم الغربي للسياسة

السياسة مشتقة من فعل ساس الذي فعله المضارع يسوس ومصدره سياسة. وحسب المعجم الوسيط، معنى ساس الناسَ تولى رياستهم وقيادتهم، وساس الأمورَ دبّرها وقام بإصلاحها فهو سائس والجمع ساسة وسُوّاس. وأساسَ القومُ فلانا أمورَهم: ولَّوه إياها. وسوس القومُ فلانا: أساسوه. ويقال سوسوه أمورَهم. إن رياسة وقيادة السائس للناس وتدبيره للأمور تقع في مختلف مناحي الحياة. والرسول (صلعم) كان سائسا أو سياسيا.

هذه هي معاني السياسة التي كانت قائمة في العقود الإسلامية الأولى. ووفقا للعالم ابن عقيل الحنبلي فإن السياسة هي كل فعل يكون الناس معه أقرب إلى الصلاح وأبعد عن الفساد. والأمور التي يقوم السائس بتدبيرها وإصلاحها مرسلة، بمعنى أن التعريف لم يحدّد ماهية هذه الأمور. وبالتالي يمكن أن تكون هذه الأمور أمورا اقتصادية واجتماعية وثقافية وأمورا تتعلق بالحقوق والواجبات والمعاملات.

والسائس، في توليه لرياسة الناس وفي قيادته لهم وفي تدبيره للأمور وإصلاحه لها، يستند إلى أساس أو مصدر أو مستند من المستندات أو مرجع من المراجع أو مرجعية من المرجعيات. يمكن أن يكون هذا المرجع عقيدة أو دستورا أو قانونا أو فكرا دينيا أو عقيديا أو روحيا أو رأسماليا أو علمانيا أو وثنيا أو قوة عسكرية أو غيرها. ثمة مرجع الشريعة في السياسة، بمعنى أن ثمة رياسة أو قيادة للناس وتدبيرا لأمورهم ترجع أو تستند إلى الشريعة التي هي القرآن الكريم وسنة رسوله (ص). ونظرا إلى وجود هذا المستند فإن السياسة الداخلة في رياسة الناس وتدبير الأمور تسترشد وتستلهم القرآن والسنة. ونصوص القرآن والسنة النبوية تنص على فرائض وواجبات وتشريعات في العقيدة والعبادات والمعاملات بين الأفراد وفي مجال العلاقات الدولية، وتنص على الضروريات التي جاء الإسلام ليحافظ عليها وينميها والتي تقع في مجالات الحياة الدنيا والآخرة، ضروريات من قبيل الدِّين والنفس والنسل والعقل والمال. ومن علوم الفقه الإسلامي السياسة الشرعية، وهي تُعْنى بالعبادات والمعاملات، ومنها المعاملات المالية، ومن ضمنها الزكاة التي ليست عبادة فقط ولكنها فريضة مالية تدخل في النظامين المالي والاجتماعي، وفقه الأسرة والأحوال الشخصية، وفقه الإجراءات والدعاوى والبينات والمرافعات، وفقه الجرائم والعقوبات، وفقه المواريث، والفقه الدستوري، وفقه العلاقات الدولية.

وعرّف علماء الإسلام الخلافة بأنها نيابة عن رسول الله في حراسة الدين وسياسة الدنيا به. والآيات من قبيل "وأنزلنا إليك الكتاب بالحق مصدقا لما بين يديه من الكتاب ومهيمنا عليه فاحكم بينهم بما أنزل الله ولا تتبع أهواءهم عما جاءك من الحق لكل جعلنا منكم شرعة ومنهاجا ولو شاء الله لجعلكم أمة واحدة ولكن ليبلوكم في ما آتاكم فاستبقوا الخيرات إلى الله مرجعكم جميعا فينبئكم بما كنتم فيه تختلفون" (الآية 48، سورة المائدة)، و"وأن احكم بينهم بما أنزل الله ولا تتبع أهواءهم واحذرهم أن يفتنوك عن بعض ما أنزل الله إليك فإن تولوا فاعلم أنما يريد الله أن يصيبهم ببعض ذنوبهم وإن كثيرا من الناس لفاسقون" (الآية 49، سورة المائدة)، و"أفحكم الجاهلية يبغون ومن أحسن من الله حكما لقوم يوقنون" (الآية 50، نفس السورة) – هذه الآيات وغيرها آيات سياسية بمعنى أنها تقود الناس وتوجههم وتدبر أمورهم.

ونصوص القرآن والسنة هي المصدر الذي يدعو الإسلاميون إلى استناد السائس إليه في رياسة الناس وتدبير أمورهم في مختلف مناحي الحياة. والأمثلة على ذلك الواردة في القرآن الكريم والسنة المشرفة كثيرة. على سبيل المثال، قوله تعالى في سورة البقرة: "يا أيها الذين آمنوا كُتب عليكم" – بمعنى فُرض عليكم – "الصيام كما كُتب على الذين من قبلكم". هذه الآية، التي تتعلق بأمر الدنيا وأمر الآخرة أيضا، جزء من مستند الشريعة في سياسة السائس المتبني لهذا المستند في رياسته وقيادته وتدبيره للأمور.

وعنصر السياسة بالمعنى الذي بسطناه موجود في مختلف المجالات بغض النظر عن المستند الذي يستند إليه السائس في تولي رياسة الناس وقيادتهم وتدبير أمورهم وإصلاحها. ذلك يوضح بجلاء أن السياسة بهذا المعنى غير منفصلة ولا يمكن أن تكون منفصلة عن مختلف الأمور أو الشؤون في مختلف مجالات الحياة والمعيشة والوجود. وبالتالي فإن الفصل بين السياسة والأمور في مختلف المجالات يدل على سوء فهم خطير لمعنى السياسة.

وبعض الناس يرتكب سوء الفهم هذا. ومرد سوء الفهم هو أن بعض الناس يخلط بين حضور السياسة في مختلف الأمور، من ناحية، ومصدر أو مستند السائس في تولي الرياسة والقيادة وتدبير الأمور وإصلاحها، من ناحية ثانية.

وينطوي هذا الخلط على خطر كبير لأن عدم فهم انفصال المستند الذي تستند السياسة إليه عن مجالات أو مناحي الحياة الكثيرة التي فيها يرأس السائس الناس ويتولى أمورهم – عدم الفهم هذا يوجد الارتباك والتشويش الفكريين.

والسياسة في المفهوم الإسلامي ليست مدنسة. إنها مرتبطة بالأخلاق الرفيعة الشريفة. في السياسة بالمفهوم الإسلامي لا تبرر الغايةُ الوسيلة. يجب أن تكون الغايةُ شريفة ووسيلة تحقيقها أيضا نظيفة. ليس من المقبول من منطلق المفهوم الإسلامي التوسل بوسائل باطلة لتحقيق الغايات.

ونظرا إلى أن السياسة هي رياسة السواس للناس وتدبير السواس للأمور، ونظرا إلى أن القرآن والسنة يدعوان إلى شرف الغاية ونظافة الوسيلة، فإن السياسة التي تستند أو ترجع إلى الشريعة ترفض فكرة التوسل بالوسائل المدنسة لتحقيق هدف من الأهداف. وبالتالي يتضمن مفهوم السياسة الصدق وعدم المراءاة. وباعتبار الشريعة مرجعا للسياسة فمن الصفات التي يتضمنها مفهوم السائس احترام المعاهدات والتمسك بالمواثيق.

وبالسياسة بالتعريف والمعنى الغربيين يرتبط الغش والخداع والألاعيب والدنس. من الأمثلة على هذا الفكر كتابا الأمير والمطارحات للكاتب الإيطالي ماكيافيللي، المفكر في شؤون الحكم والعلاقة بين الحاكم والرعية، وكتابات المفكر الأمريكي هارولد لوزويل. (1) في القرن الماضي. رأى ماكيافيللي أن السياسة تنطوي على الألاعيب والأحابيل والغش والخداع والمراءاة بوصفها وسائل لتحقيق الهدف. ويرى غربيون من مفكرين وسياسيين أن الغاية تبرر الواسطة أو الوسيلة.

(1) Harold Lasswell, Politics: Who Gets What, When, How (New York: Meridian, 1958).

مفهوم النظام الإنساني العالمي الجديد لم يحقق

تمثل أمام البشرية تحديات كبيرة وكثيرة. وتكثر العقبات التي تعترض طريق النمو والتنمية البشريين والاقتصاديين المستدامين في البلدان النامية. ومن أسباب نشوء هذه العقبات الافتقار إلى الإرادة السياسية من جانب بلدان متقدمة النمو على الوفاء بالالتزامات بتوفير التمويل الإنمائي للبلدان النامية، وعلى تخفيف عبء الديون الواقعة عل كاهل هذه البلدان، والممارسات الحمائية التي يمارسها عدد من البلدان المتقدمة النمو، وهي الممارسات التي تعترض طريق التصدير من البلدان النامية، وتطبيق ما يدعى حقوق الملكية الفردية التي هي أشبه بحواجز غير جمركية، وعدم توفير قدر كبير من المعرفة والتكنولوجيا. وتسهم هذه العوامل وغيرها في عدم تحقيق القدر الكافي من النمو والتنمية البشريين والاقتصاديين، وبالتالي في تقوية الحلقة المفرغة، حلقة استمرار الفقر وتناميه.

شكلت هذه الحالة الباعثة على الجزع أحد المقومات الرئيسية للخلفية التي نشأ في ظلها مفهوم النظام الإنساني العالمي الجديد الذي له منظور إنمائي يدور حول البشر. يسعى هذا المفهوم إلى بناء توافق مستدام في الآراء على الساحة العالمية وإقامة شراكة عالمية عريضة القاعدة مستنيرة وقوية بروح التضامن الحقيقي والمسؤولية المشتركة ابتغاء تحقيق التنمية لكل البشر والشعوب وابتغاء جعل البشر في العالم كله محورا للتنمية، ولجعل التنمية التي محورها الإنسان الدعامة المركزية لجهود التنمية التي تبذلها الأمم المتحدة في القرن الحادي والعشرين. ومن شأن هذا المنطلق أن يحقق تلك الأهداف.

وكلمة "إنسان" سواء استخدمت اسما أو وصفا تسود الإعلان العالمي لحقوق الإنسان. فالكلمتان الافتتاحيتان لميثاق الأمم المتحدة هما "نحن الشعوب". للإنسان يجب أن تكون المركزية في التنمية
الاجتماعية والاقتصادية المستدامة.

والتنمية البشرية أكثر شمولا بكثير من التنمية الاقتصادية. لا تؤدي التنمية الاقتصادية بطريقة تلقائية إلى التنمية البشرية. تعكس التنمية الاقتصادية اهتماما بالمسائل والحقائق الكمية بشأن مؤشرات الإنتاج الوطني. وتتجاوز التنمية البشرية مجرد التكديس للسلع والنقود، وهي تتجاوز الاستهلاك المادي. للتنمية البشرية علاقة بالأمور النوعية مثل الحرية والأمن والرفاهة وحقوق الإنسان والصحة والبيئة. ويتمثل جوهر التنمية البشرية في إقامة العدالة الاجتماعية واستئصال الفقر الذي تعاني منه الأغلبية الساحقة من البشر، وفي التأكيد على تمكين الفئات الضعيفة من قبيل النساء والأطفال والمسنين من الاستفادة من عملية التنمية، وفي التأكيد على حصول أصحاب المشاريع التجارية الصغيرة على الائتمان بأسعار مناسبة.

وينبغي أن يستخدم العلم والتكنولوجيا، بما في ذلك تكنولوجيات المعلومات الجديدة، في بناء القدرات لأغراض التدريب والتثقيف والبحوث والتنمية.

ولتحقيق غرض التنمية البشرية من اللازم أن تتوفر رؤية واضحة للحالة البشرية التي تشوبها العيوب والاختلالات وأن يتوفر التزام بتنفيذ تلك الرؤية عن طريق الحوار المكثف والتفاعل بروح الشراكة والتعاون.

وعلى الرغم من الوجاهة الاقتصادية والإنسانية والانمائية لمفهوم النظام الإنساني العالمي الجديد

فإنه لم يحقق. وعدم التحقيق هذا يعود إلى أسباب أهمها عدم وفاء معظم البلدان المتقدمة النمو بالالتزامات التي يرتبها عليها القبول بهذا المفهوم. ومن هذه الالتزامات تقديم المساعدة المالية بنسبة معينة من الناتج الوطني الإجمالي إلى البلدان الفقيرة وقيام البلدان المتقدمة النمو بإزالة الحواجز الجمركية أمام صادرات البلدان النامية وتقليل تكلفة خدمة الديون المقدمة من مؤسسات مالية أجنبية، وخصوصا مؤسسات غربية، إلى البلدان النامية.

التاريخ نتيجة قوة الأقوياء

ثمة عناصر في حجم الأثر الذي تتركه الدولة في الدول الأخرى. من هذه العناصر القوة العسكرية والاقتصادية، والقوة النفسية والالتزامات الخُلقية وقوة الإيمان والعقيدة لدى مواطنيها، والثروات التي يمتلكها مواطنوها ومؤسساتها، وعدد سكانها ومساحتها الجغرافية، والمستوى العلمي لدى مواطنيها ومواطناتها، وطبيعة النظام السياسي: هل هو نظام ديمقراطي يتيح حرية التعبير والإفصاح عن الرأي أم نظام استبدادي قمعي يخاف المرء (والمرأة) فيه من فتح فمه، وطبيعة السياسة الخارجية للدولة: هل هي سياسة السيطرة والهيمنة والتوسع والاستيطان، أم سياسة حسن الجوار. وهذه المصادر في تفاعل مستمر. السياسة الخارجية التي تتبعها الدولة مؤشر على طبيعة سلوكها على الساحة الدولية. الدولة الأقوى باستعمال المعايير المذكورة أعلاه تستطيع، إذا أرادت، أن تشن حربا على دول ضعيفة وأن تحتل أراضيها وأن تسلب ثرواتها الطبيعية وأن تذلها.

وكما توجد دول قوية ومهيمنة، توجد دول ضعيفة ومهيمن عليها ودول تعتمد في التزود بالحاجات الضرورية من قبيل الحنطة والوقود على دول أخرى تجعل هذا التزويد مشروطا بشروط سياسية وعسكرية واقتصادية مذلة ومقيدة لما للدول المحتاجة من سيادة.

وثمة شعوب لديها شعور بأنها ضعيفة، وثمة شعوب تشعر بأنها قوية. ثمة شعور بالقوة في صفوف الشعب البريطاني والفرنسي والألماني والأمريكي. شعور شعب بالضعف يضيف إلى عناصر ضعفه، وشعور شعب بالقوة يضيف أيضا إلى مصادر قوته. والدولة القوية، بدورها، تجعل شعور شعبها بالقوة عاملا من عوامل قوتها وعاملا في سياستها الخارجية.

وثمة يقينا علاقة قوية بين عناصر قوة الدولة ومسار التاريخ. اتجاه التاريخ تحدده العلاقة الجدلية بين القوة والضعف، أو بين الجهة النشيطة والجهة غير النشيطة أو بين الدولة القوية والدولة الضعيفة. التاريخ نتيجة عن العلاقة بين هاتين الجهتين: الدولة القوية والدولة الضعيفة. الدول القوية الكبيرة تصنع التاريخ. على الساحة الدولية للدولة القوية وللدولة الضعيفة أثر في الحالة الدولية. يتجلى أثر الدولة القوية في أنها تفرض بمصادر قوتها إرادتَها. ويتجلى أثر الدولة الضعيفة في أنها تيسر، بضعفها وانكماشها، على الدولة القوية تحقيق إرادتها (أي إرادة الدولة القوية).

التاريخ مفهوم محايد. إنه لا يحاكم أحدا. ليس لدى التاريخ سلطة لمحاكمة الدول أو الشعوب. إنه نتاج العلاقة الجدلية بين قوة القوي وضعف الضعيف. أثر العلاقة الجدلية بين قوة الدول القوية وضعف الدول الضعيفة هو حركة التاريخ. لقوة الدولة القوية أثر على الساحة العالمية وفي العلاقات بين تلك الدول ودول أخرى. حركة التاريخ مستمدة من الأثر المتبادل بين استخدام مصادر قوة الدول القوية وضعف الدول الضعيفة. حركة التاريخ تبلغ الغاية في الحياد والموضوعية والتجرد. إنها نتيجة. التاريخ لا يعكس سوى جدلية اختلاف حجم القوة بين الجهات الفاعلة.

حركة التاريخ لا تراعي الجهات الفاعلة وفقا للون بشرتها أو للغتها. نتيجة التأثير المتبادل لعوامل القوة بين الجهات الأكثر فعلا وتأثيرا والأقل فعلا وتأثيرا هي في الحقيقة نتيجة الصراع بين عوامل القوة.

ذلك الطرح يبين خطأ من ينسب إلى التاريخ قيامه بالمحاكمة وبإصدار الحكم. لا يوجد ما يسمى حق التاريخ في إصدار الحكم. ليس هذا معنى التاريخ. وليست للتاريخ هذه الصلاحية. البشر هم الذين يصنعون أحداث وحقائق التاريخ وتطوراته وانتصاراته وهزائمه وارتقاء حضاراته وأفولها وإحياء الشعوب وإفناءها. التاريخ يحدده حكم الأقوياء. إنه استجابة لقوتهم. يكون التاريخ في مصلحة من لديه القدرة على صنعه، ولا يكون في مصلحة من ليست لديه القدرة على صنعه. حركة التاريخ شيء إيجابي في نظر الجهات صانعة القرار القوية. والجهات الضعيفة هي الجهات المفعول بها. وإرادة الدول القوية القادرة تتجلى في تقرير مصائر الدول والشعوب الضعيفة.

هذا هو التحليل الواقعي الموجز. هل من متعظ يا أبناء قومي!

الوظيفة التحضيرية والسيطرة السياسية

بشتى الوسائل نشأ في النظام الغربي توجُّه عام نحو إنشاء منظومات فكرية أيديولوجية مستندة إلى منطلقات أولية وأولوية ومركزية أو محورية المنظور الغربي، هادفا إلى أن يحقق عن طريقها ما يشبه الإجماع على وظيفته "التحضيرية" الأيديولوجية التي حددها لنفسه. ويتضمن ذلك التوجه العام مفهوم الثنائية الفكرية. ويقبل هذا التوجه العام مفهوم سيطرة البشر بعضهم على بعض، ويرى أنه تقوم فوارق جوهرية ثابتة بين الشعوب الأوروبية والمتحدرة منها وسكان أجزاء أخرى من العالم. وانتحل ذلك التوجه العام لنفسه الحق في تقرير مصير الشعوب بحجة الرغبة في ترقيتها وحمْل عبء نقل الحضارة والاستنارة إلى الشعوب التي دعاها متوحشة وغير متحضرة لإنقاذها حسب زعمه من التخلف والهمجية.

وعمل ذلك التوجهُ العام على احتكار معالجة التاريخ العالمي. وبذلك أراد ذلك التوجه العام ترسيخ وإشاعة منظوره إلى التاريخ، غاضا البصر عما يترتب على هذا الترسيخ من الإخفاء والتشويه لحضارات شعوب أخرى. ويرى ذلك التوجه العام أن إحدى وظائف النظام الغربي تكمن في استحواذه على موقع يخوله أن يماهي نفسه مع التاريخ. ووفقا لذلك التوجه العام فإن ما عدا ذلك النظام الغربي يقع خارج التاريخ.

وفي القيام بترسيخ ذلك المنظور الغربي جرى المساس بصحة السرد التاريخي، إذ، وفقا لهذا الاتجاه العام الفكري الغربي، تُفهَم وتُفسَّر تواريخ الشعوب الأخرى وثقافاتها وحضاراتها من المنظور الغربي وفي سياق ترسيخ هذا التوجه العام الغربي. ووضع صورة متعالية عن ذاته، وأوجد، في مقابل ذلك، صورة مشوِّهة عن الآخر. وعن طريق إيجاد هذه الصورة المشوِّهة أكّد النظام الغربي نفسه، وصور نفسه على أنه المنبع الوحيد للتقدم والرقي والازدهار والمدنية والحضارة والحرية ومرجع تاريخي عالمي وحيد في معاملة الشعوب الأخرى وتناوُل المسائل المتعلقة بها وصور بعض الشعوب غير الأوروبية على أنها مخلفات تاريخية طفيلية ومتدنية محكوم عليها أن تنقرض عاجلا أو آجلا.

وبإشاعة هذا الفهم والمعالجة والتفسير حسب التوجه العام الغربي يسيء هذا التوجه الغربي فهم الرموز والقيم للتواريخ والحضارات غير الغربية، ويوجد فجوة عميقة بين التوجه العام الغربي وحقيقة تلك القيم والحضارات غير الغربية ويجري تشويه فهم هذه القيم والحضارات وتشويه فهم معانيها التي تحملها في سياقاتها القومية والأصلية والتاريخية والاجتماعية، وتشويه فهم متضمناتها وفهم ما لها من الأهمية والفحوى والإجلال والقدسية من منظور تلك الشعوب ومنظور ما يوجد من الموضوعية والسياق التاريخي الحقيقي.

ولكل شعب ثقافته التي تسم ذلك الشعب وتشير إلى خصوصيته التي يمكنه عن طريقها تحقيق ذاته والتحكم بمحيطه الاجتماعي والنفسي والطبيعي. وذلك الاتجاه العام الغربي لا يقر ولا يريد الإقرار بخصوصية الثقافات وبتاريخيتها.

وبهذه الإساءة للفهم وبانحراف أو التواء المعالجة وسوء أو خطأ التفسير يرفض هذا الاتجاه العام الغربي تاريخية التطورات والأفكار والثقافات، بمعنى أن تلك التطورات والأفكار والثقافات هي نتاج الظروف الاجتماعية والسياسية والنفسية والاقتصادية السائدة والفعالة في فترة تاريخية معينة في أمكنة بعينها. وإقرار الاتجاه العام الغربي بتلك الخصوصية والتاريخية يُفسد رغبته في تفسيره لتطورات العالم من المنظور الأيديولوجي الغربي.

وبغية جعل تلك الوظيفة أو المهمة أو "الرسالة" ميسرة التصدير اختار ذلك النظام جماعات في البلدان النامية والضعيفة والفقيرة التي تنفذ أوامره وسياساته وتدعمه في احتقار وتهميش شعوب تلك البلدان المهمشة والمُذَلّة فعلا.

وكان وراء تلك السياسات الغربية خدمة مصالح الغرب الاستراتيجية والاقتصادية والاستعمارية عن طريق فرض الهيمنة على الشعوب غير الأوروبية الضعيفة. ولتيسير تحقيق تلك الهيمنة تلزم تجزئة البلدان النامية إلى كيانات ضعيفة.

وعن طريق عدم الإقرار بخصوصية وتاريخية الثقافات، وعن طريق طمس المعاني والمضامين الخاصة التي تحملها الثقافات التاريخية الخاصة، وعن طريق تفسير تلك الثقافات من المنظور الثقافي الحضاري الغربي يصبح من الأيسر إلحاق ثقافات شعوب العالم غير الغربي، لتلبية حاجات الغرب المسيطر، بالمركز الغربي خدمة لذلك المركز حسب تعريف المركز لتلك الحاجات.

التلاقي بين مصالح الجهات الفاعلة الأجنبية
والمتولين للسلطة في البلدان النامية

توجد في الغرب دول تقوم على المغالاة في الأخذ بالنظام الرأسمالي، وتضع حكومات هذه الدول وتنفذ سياسات استعمارية تنطوي على التدخل والهيمنة واستعمال القوة وترمي إلى تحقيق أهداف اقتصادية واستراتيجية وإلى الاستفادة من الثروات الطبيعية لشعوب البلدان النامية. وتتعرض البلدان النامية، ومنها البلدان العربية والإسلامية، للغزو الثقافي الغربي المقصود وغير المقصود. وهناك الغرب الذي حقق منجزات كبيرة في مجالات العلوم والتكنولوجيا والذي وضع مفكروه فلسفات في المواضيع الاجتماعية والحضارية والثقافية.

وكثير من أفراد الشعوب النامية معجبون بالغرب على منجزاته هذه. بيد أن من الخطأ الفاحش ومن السذاجة الخلط بين الغرب الأول والغرب الثاني. والإعجاب بغرب المنجزات العلمية والتكنولوجية ينبغي ألا يحجب عنا – كما حدث وما انفك يحدث في حالات كثيرة تتجلى في البيانات الشفوية والمكتوبة من الدارسين والكتاب – حقيقة الدول الغربية بسياساتها الخارجية الاستعمارية القائمة على الهيمنة، وألا يجعلنا نغفل عن القوى الاقتصادية والأيديولوجية الغربية المتفاعلة فيما بينها التي تفرز هذه السياسات، وألا يفضي بنا إلى التغاضي عن الغرب المتبني لتلك السياسات.

ومما يضعف البلدان النامية أو يزيد من ضعفها التدخلات الأجنبية الرسمية وغير الرسمية من قبيل الدول الاستعمارية والشركات الرأسمالية الاحتكارية الوطنية وعبر الوطنية والمؤسسات المبشرة بمذاهب ونظم أيديولوجية. ولدى تلك المؤسسات تتوفر الأموال والقوة اللازمة للتأثير في توجيه شؤون تلك البلدان وفي توجيه سياسة المتولين لإدارة شؤونها.

ونشأ وما يزال ينشأ التقاء مصالح بين الممارسين لسلطات الحكم والجهات الفاعلة الأجنبية. وينشأ دعم متبادل بينهما: تكون تلك الجهات من مصلحتها تلقي الدعم من الممارسين لسلطات الحكم لتحقيق مآربها داخل البلد النامي، وتكون مصلحة الممارسين للسلطة – وفقا لتصورهم - أن يتلقوا الدعم من الجهات الأجنبية لتعزيز مركزهم داخل البلد. يعتمد كثير من الممارسين لسلطات الحكم في البلدان النامية في مواصلة ممارستهم للسلطة على الجهات الفاعلة الغربية. وبالتالي يتصرف هؤلاء، مراعين لسياسات وتوجيهات تلك الجهات الغربية. ومن النتائج المترتبة على ذلك أن أولئكم الممارسين للسلطة يراعون مراعاة أكبر أحيانا اعتبارات سياسات الدول الغربية وغيرها من الجهات الفاعلة عندما ينشأ اختلاف أو تناقض بين مراعاة هذه الاعتبارات، من ناحية، ومصالح شعوبهم، من ناحية أخرى. وذلك كله يؤدي، كما هو حاصل الآن، إلى مزيد من إضعاف البلدان النامية ومن المساس بمصالح شعوب تلك البلدان .

يمكن أن تكون الحكومة وسيلة لتحقيق أهداف وطنية منها حماية كرامة شعبها وللنهوض الاقتصادي به ولتيسير تصريف أموره ولتخفيف شدة معاناته ووسيلة لشفائه ويفترض ومن اللازم أن تقوم الحكومة بذلك. ولكن نظرا إلى تزاحم شتى الاعتبارات الخارجية والداخلية على اهتمام الممارسين للسلطة الحكومية ونظرا إلى إيلائهم الأولوية لاعتبار مواصلة الإمساك بمقاليد السلطة لا تقوم تلك الحكومات بهذا الدور بما فيه الكفاية من الأثر وتقوم بعض الحكومات أحيانا كثيرة كما نشاهده في أيامنا هذه بما يناقض تلك الأهداف. والمنادون بالاستقلال الوطني والقومي والمؤيدون للإنصاف الاجتماعي والاقتصادي وللنظام الديمقراطي، إذ يعرفون

هذه الحالة وإذ يشاهدون استمرار العيوب في أداء الهيئات الحكومية وإذ ترفض رؤاهم العقائدية تعاون المتولين للسلطة في البلد مع الجهات الفاعلة الأجنبية في إخماد صوت المنتقدين وفي قمعهم، يزداد انتقادهم للهيئات الحكومية، ما يفضي إلى إضعافها وإضعاف الدولة نفسها.

وتفاقم الصراع بين المتولين للسلطة الحكومية وأنصار حركات اجتماعية وسياسية داخل الدولة النامية من شأنه أن يساعد في إيجاد ميل المتولين للسلطة، أو في تعزيز ذلك الميل إن كان قائما، إلى الارتماء في أحضان الجهات الفاعلة الأجنبية التي تستغل بدورها هذه الحالة في زيادة نفوذها في الدولة وزيادة إحكام قبضتها على مقدراتها وتشديد سياساتها حيالها وزيادة طمعها بمواردها، وهي السياسات التي تستلهم مصالح تلك الجهات ومطامعها. يبدو إذن أننا أمام حلقة مفرغة مروعة، تكون إحدى نتائجها إلحاق الضرر بالدولة والشعب كليهما.

وتقوم نظم حاكمة واقعة تحت تأثير الجهات الأجنبية، وخصوصا الغربية، ذات المصالح الاقتصادية والاستراتيجية في العالم العربي وغيره من البلدان النامية، بفرض نظم سياسية واقتصادية تدعى إنمائية على مجتمعاتها دون أن تكون تلك النظم بالضرورة مناسبة لقيم تلك المجتمعات ومراعية لخصائصها. وهذا الفرض لا يزال جاريا. وما يزال يسهم في إيجاد الاختلال واللبس الفكريين والقيميين، والتأرجح الفكري، ما يفضي إلى إشاعة رؤى متضاربة داخل المجتمعات النامية، مسهما بالتالي في إضعاف وسائل تحقيق أهداف الشعب العليا.

أصحاب السلطة المستبِدّة حِيال الفكر التحريري

ثمَّةَ قدر من الانغلاق العقلي والفكري في كل المجتمعات البشرية. وتختلف هذه المجتمعات بعضُها عن بعض في نواحٍ أو مجالات منها مدى شيوع هذا الانغلاق. ويختلف هذا الانغلاق ضعفاً أو قوةً تبعا لعوامل كثيرة منها مدى قوة أو ضعف عوامل الضغط والإملاء والقسْر والتحكُّم العاملة في مختلف المجالات على عقل الفرد وفكره (وذلك ينطبق على الجنسين) وموقفه (ويُعرَّف "الموقف" بكيفية تحديد المرء للحالة) وسلوكه. وتشمل هذه المجالاتُ النفْسَ والاجتماعَ والاقتصاد والسياسة (والسياسة تُعرَّف هنا بطريقة استعمال مختلف الوسائل لاكتساب القدرة على ممارسة التأثير ابتغاء تحقيق هدف معين أو أكثر من هدف) في البيئات المحلية والإقليمية والعالمية أو في البيئتين الداخلية والخارجية.

ويعني الانغلاقُ الفكريُّ انعدامَ الانفتاح الفكري على البيئة الخارجية بمختلف مجالاتها. ويتضمن انعدامُ الانفتاحِ الفكري انعدامَ التفاعل الفكري لأنه لا يتحقق الانفتاح الفكري بدون التفاعل الفكري. ويتضمن انعدامُ الانفتاحِ الفكري أيضا حِسَّ المرءِ بالاستغناء عن التفاعل والانفتاح الفكريين.

وللانغلاق الفكري تجلياتٌ منها اعتقادُ المرء باكتسابه كلَّ الحقيقة الذي يتفرع عنه عدمُ ترك المرء لهامشٍ لاحتمال خطأ تفكيره، ونهجُ المرء عن وعي أو بدون وعي للثُّنائيةِ الفكرية التي تنحو إلى النظَر إلى الأشياء باعتبارها منتميةً إلى فئة واحدة من فئتين متناقضتين، من قبيل اعتبار عمل المرأة خارجَ المنزل إمّا طيبا أو سيئا بدون رؤية درجات من تقييم هذا العمل واقعةً بين النظر بالسلب والنظر بالإيجاب إلى هذا العمل، أو اعتبارِ الحضارة الغربية إما ظاهرةً سيئة أو ظاهرة إيجابية بدون رؤية درجات من تقييم هذه الحضارة واقعةً بين الطرفين المتناقضين من الطيبة والسوء. ومن تجليات هذا الانغلاق عزوُ الأولوية إلى المسنين على الشباب وعزوُ الأفضلية إلى السلف على الخلف أو بالعكس.

والاستبدادُ بالسلطة أحد عناصر الإملاء والإكراه البالغة التأثير في البيئة الاجتماعية. وفي تناولنا لمصطلح "الاستبداد" في هذا السياق تندرج مصطلحاتٌ شبيهة من قبيل الطُّغيان والحكم المُطْلَق والحكم الشمولي والحكم الإملائي (الذي يحب بعضٌ منا أن يستعملوا عبارة الحكم الديكتاتوري للدلالة عليه) والحكم القمعي. ولممارسة الاستبداد بالسلطة أثرٌ بالغ في ترسيخ الأنماط العقلية والفكرية المنغلقة. وقد يكون من الغني عن البيان أن ذلك الأثرَ يختلف قوةً أو ضعفاً تَبَعا لعوامل منها قوة الاستبداد ومدى شموله ومدى شدة الفقر المادي والمعنوي.

ويُفضي ترسيخُ الانغلاق العقلي والفكري نتيجة عن الاستبداد بالسلطة إلى أن يتعزَّز لدى المواطنين أو الرعايا في المجتمع الميلُ إلى تطويعِ فكرهم وميولهم النفسية لإرضاء ميول وأهواء أصحاب السلطة وإلى أن يتعزَّز لدى هؤلاء الرعايا التكيُّفُ مع إملاءات أصحاب السلطة والخضوع والإذعان لهم.

وللفكرِ المنعتقِ التنويري التحريري أثرٌ قوي في تحرير العقل والفكر من الانغلاق والنتائج المقيتة المترتبة على ذلك الانغلاق. ومن الطبيعي أنْ يحدث هذا الأثرُ لأن الفكرَ المنعتقَ، الذي لولا انفتاحُه لما أمكن أن يكون منعتقا، له اتجاهٌ مضادٌ لانغلاق العقل والفكر.

وأحيانا لا يستطيع الفكرُ المنعتق التنويري التحريري أن يُعتِق العقلَ والفكر من الإنغلاق ومن الخضوع لآثار السُّلطة الاستبدادية. وعجزُ الفكر المنعتق التحريري عن إزالة الانغلاق العقلي والفكري يكون نابعا من أسباب منها قوةُ فتك أصحابِ السلطة المستبدة وبطشهم وتعصبهم وتخويفهم للرعايا، وقوةُ خوفِ الرعايا وبؤسُهم وفقرهم وحاجتهم في مختلِف المجالات. ويبدو أن ذلك هو الحاصل في قسم من المجتمعات العربية وغيرها من المجتمعات. وأحياناً يكون أثرُ الفكرِ التنويري التحريري أقلَّ وانتشارُ ذلك الأثرِ أبطأَ نظرا إلى قوةِ أثرِ ممارساتِ أصحابِ السلطةِ المستبدين. وأحيانا يبلغ أثرُ تلك الممارسات مبلغا يُبْطِل أو يُلغِي أثرَ الفكر التحريري في أنماط الفكر المقموع.

وأحيانا أخرى، بسبب غَلَبَة الظروف الاستبدادية القمعية، لا يستطيع الفكرُ التنويري التحريري منعَ تراكُم الآثارِ المترتبة على الممارسات الاستبدادية القمعية. لهذا التراكمِ تكون آثارٌ يصعُب على الفكر التحريري أن يزيلها أو يقيِّدها. حدوثُ تراكُمِ آثارِ الممارسات الاستبدادية يكون أسرعَ من أثرِ الفكر التحريري في هدم ذلك الكم المتزايد القوةِ والانتشار. يبلغ أثرُ الممارسات الاستبدادية ومضاعفاتِها مبلغا لا يكون الفكرُ التحريري التنويري عندَه قادرا على أداء وظيفة تحرير العقل والفكر. سيوفُ الاستبداد والإكراه والقمع التي تفتك بالفكر والعقل وبالنزعة إلى الحرية والانفتاح والانعتاق أقوى من دِرْعِ الفكر التنويري التحريري الذي لا تكون له طاقةٌ على ردّ تلك السيوف أو ثلمِها أو كسرِها. فتخُرُّ النَّفْسُ صريعةَ السيفِ والخوف والبطش والفتك والضَّلالة.

وكلّما ازدادتِ الممارساتُ الاستبدادية القمعية قوةً وغلبةً على الفكر التنويري والتحريري ازداد بطشُ الممارسين لتلك الممارساتِ قوةً وتعسُّفا وشَطَطا، فتُصبح عند نقطةٍ أو مرحلة من المراحل كالمخلوق الذي لا يقدَر عليه وعلى ردعه أحد ولا يرتدع بقيم أو مبادىء احترام حُرمة البشر والإنصاف وإقامة العدالة في صفوفهم.

العامل الحكومي وحرية الباحث

القهر الحكومي واختيار موضوع البحث

يفضي جو القهر الحكومي في شتى بقاع العالم إلى التأثير السلبي في جوانب مختلفة من القيام بالبحث العلمي. وأحد هذه الجوانب اختيار موضوع البحث. توجد مواضيع ذات صلة أوثق بقضايا السياسة والحكم والسلطة ومواصلة توجيه دفة الحكم ومواصلة تولي السلطة. وهي مواضيع لنتائج واستنتاجات الأبحاث صلة أكبر بها. ولعل المتولين للسلطة الحكومية غير معنيين، بسبب حرصهم على مواصلة وتعزيز سلطتهم، بإجراء أبحاث قد تتوصل الى استنتاجات وحقائق تؤدي الى إضعاف مركز المتولين للسلطة. ولذلك، خوفا من إغضاب المتولين للسلطة الحكومية والسلطة غير الحكومية ومن استيائهم ونقمتهم في كثير من البلدان، ينصرف الباحثون عن إجراء الأبحاث في المواضيع التي لها ولنتائجها ولاستنتاجاتها صلة كبيرة بقضايا تولي السلطة.

القهر الحكومي ولهجة الاستنتاجات

ولهجة استنتاجات البحث العلمي جانب آخر من الجوانب التي يؤثر فيها جو القهر الحكومي تأثيرا سلبيا كبيرا. على الرغم من أن للأبحاث العلمية هدف التوصل الى الاستنتاجات فإن هذه الاستنتاجات يختلف بعضها عن بعض من حيث قوة أو خفة لهجتها. يمكن وضع الاستنتاجات لنفس البحث بصيغة قوية اللهجة أو خفيفة اللهجة. وعن طريق اللجوء الى استعمال اللهجة المخفّفة أو اللهجة المشدّدة للاستنتاجات يمكن للباحث أن يأخذ في الحسبان اعتبارات مختلفة منها – في المقام الأول – اعتبار توقعه لموقف المتولين للسلطة الحكومية وغير الحكومية حيال تلك الاستنتاجات. حتى تُحقق الفائدة الكبرى من البحث ينبغي أن تكون الاستنتاجات على أكبر قدر ممكن من الوضوح والقوة. ولكن اتقاء للاستياء المتوقع أو المتصور من جانب أصحاب السلطة يميل الباحث ميلا أكبر أحيانا كثيرة – في الجو التسلطي القمعي – إلى تخفيف قوة لهجة الاستنتاج، مما يمس بالفائدة المنشودة من إجراء البحث.

العامل الحكومي وعدم الاستفادة من تخصص العلماء

ومعرفة العلوم – التي يمكن أن تكون وسيلة للحفاظ على الأمن القومي ولتعزيز التماسك الاجتماعي – تزداد في هذه الأيام تطورا وتخصصا في مختلف المجالات. وفي بعض المجالات لا يستطيع أن يقرر مدى الفائدة من علم من العلوم المتزايدة التعقد والتطور والتخصص سوى المتخصصين فيها. ومن شأن لجم أصحاب السلطة الحكومية للسان العالِم عن التناول الموضوعي أو الجاد لموضوع من المواضيع أن يحرم المجتمع المعني من الاستفادة من أبحاث ذلك المتخصص وآرائه واستنتاجاته.

المناخ السياسي والفكر النقدي

ويخضع الفكر النقدي لمختلف أشكال القيود. وتقوم أسباب تاريخية واجتماعية ونفسية لعدم إعمال الفكر النقدي أو للاهتمام الأقل به. يمكن لأجهزة الراديو والتلفزيون والكمبيوتر وبرامج الشبكة الدولية في المنازل والمقاهي في المدن والقرى أن تؤدي دورا هاما في نقل وإشاعة الفكر النقدي في البلدان النامية والمتقدمة النمو. وعلى الرغم من أن هذه الوسائط تؤدي فعلا دورا معينا في ذلك النقل والإشاعة تقوم عوامل تقيد تقييدا شديدا تلك الوسائط في أدائها لذلك الدور. ومن هذه العوامل أن القائمين على إدارة البرامج لا يولون، بتوجيه حكومي، الاهتمام الكافي للبرامج العلمية والفكرية والنقدية في مجالات حساسة بالنسبة إلى الهيئات الحكومية.

ورجل السلطة يتمتع، بحكم سلطته وقوة نفوذه، بقدر أكبر من حرية التعبير عن الرأي. واذا كان رجل السلطة مثقفا ومفكرا واراد إعمال التفكير في مسائل مختلفة فيحتمل احتمالا كبيرا ان يكون هذا التفكير متأثرا تأثرا أكبر، بحكم تحزبه، باعتبارات تولي السلطة التي لا تتفق بالضرورة مع مقتضيات التفكير النقدي الحر.

مصلحة اصحاب السلطة تهميش دور المثقفين

ونظرا إلى أن نواحي مختلفة في حياة الشعوب، ومنها الشعوب العربية، بما في ذلك الحياة السياسية، لا تزال تتسم بالمحافظة ولا تزال التقاليد مسيطرة عليها، ونظرا إلى أن المجتمعات الذكورية الأبوية غير الحديثة وغير الديمقراطية تشكل المرتع المناسب لبقاء أصحاب المصالح في مواقع السلطة، ونظرا إلى أن الفكر النقدي المستقل الموضوعي لا بد من أن يستهدف تغيير هذه الحالة أو تعديلها فإن من الطبيعي أن يناهض أصحاب هذه المصالح استقلال الفكر واستقلال النقد الفكري وأن يعملوا على تهميش وإزالة دور المثقفين الناقدين المستقلين في المجتمع.

بسبب خوف المفكر من غائلة السلطة يقيد المفكر انطلاق فكره

وكما أسلفنا فإن النظم السياسية غير الديمقراطية لا تحتمل ممارسة حرية التعبير عن الرأي الذي لا يتفق مع مصالح تلك النظم في مواصلة تولي السلطة السياسية الرسمية. ولا تتردد هذه النظم في لجم لسان المفكر الحر الناقد وفي تحطيم قلمه وفي سجنه وحتى الفتك فيه. وبسبب هذه المشكلة لا ينقل الفكر ناهيكم عن الفكر النقدي الذي قد يجول في خواطر الناس إلى الساحة العامة إذا كان ذلك الفكر معارضا أو غير مؤيد لسياسة السلطة الحكومية. وينكمش الميل لدى المفكر الناقد إلى الإبداع الفكري، أو قد يرى هذا المفكر، اتقاء لغائلة المتولين للسلطة، تقييد انطلاقه الفكري النقدي أو قد يرى أن ينتقي، في تناوله الفكري النقدي، بعض المواضيع التي لا يرى هو أن من المحتمل أن تناوله هذا من شأنه أن يوجد مواجهة وصراعا بينه وبين أصحاب تلك السلطة، أو قد يرى تخفيف حدة لهجة الانتقاد في المواضيع والمواضع التي تجدر ممارسة الفكر النقدي فيها.

حق الشعوب في السيادة ولامشروعية التدخل الأجنبي

تسهم عوامل، منها على نحو خاص عامل الهيمنة العسكرية والاقتصادية، في انهيار النسيج الاجتماعي والاقتصادي والمؤسسي للدول والمجتمعات. ونظرا إلى تسبيب ذلك الانهيار في زعزعة الاستقرار وفي إعاقة التنمية الاقتصادية والاجتماعية فإنه يهدد السلم والأمن للشعوب.

مما يسهم في تعزيز أمن الشعوب تعزيزا كبيرا احترام الخصائص الفكرية والثقافية لكل شعب من الشعوب. هذا الاحترام يندرج في إطار مفهوم أوسع هو مفهوم احترام الغير واحترام حرية كل شعب من الشعوب واحترام حرية الفرد الإنسان.

ومما يتناقض مع مفهوم أو مبدأ احترام خصائص وحرية كل شعب من الشعوب محاولات ترويج نماذج ثقافية موحدة معينة بين الشعوب ومحاولات فرض تلك النماذج عليها. ونظرا إلى أن الشعوب تختلف بعضها عن بعض فينبغي أن يكون المبدأ هو احترام ذلك الاختلاف والسعي إلى النهوض بالتنوع الثقافي. لا أحد له الحق في معاقبة إنسان لأنه يعتمر عقالا مثلا.

ومن الطبيعي أن للشعوب حقوقا أصيلة لا يمكن التصرف فيها، ومن الواجب أن تحقق المساواة في معاملة تلك الحقوق. الحق في السلامة حق أصيل. ومما يتنافى مع الحق الطبيعي أن يحظى الحق في السلامة لشعب من أوروبا بقدر أكبر من الرعاية التي يحظى بها ذلك الحق لشعب من آسيا أو أفريقيا أو أمريكا اللاتينية. ولا يحق لدولة أن تعادي دولة أخرى أو أن تميز ضدها في المعاملة لمجرد أن ثقافة شعب الدولة الأخيرة تختلف عن ثقافة شعب الدولة الأولى.

وللدول وللشعوب التي تقيم فيها الحق في أراضيها. لكل شعب حقه في الأرض التي يقيم عليها والتي أقام عليها أجداده طوال قرون. وليس من حق دول أخرى أن تأخذ أراضي دولة أخرى لكون تلك الدول أقوى عسكريا وبسبب دعم دول أجنبية ذات مصلحة لها أو أكثر ثروة أو علما أو نفوذا أو سلطانا أو لكونها حققت قدرا أكبر من التقدم التكنولوجي أو تمتلك قدرا أكبر من القوة التنظيمية والحافز الأيديولوجي.

ويروج بعض المروجين في الغرب فكرة أن سيادة الدول آخذة في التلاشي وأن هذا التلاشي حقيقة واقعة يجب على الشعوب والدول قبولها. ومن الخطأ ما يقوله أولئكم المروجون إن ذلك التلاشي يضفي المشروعية على التدخل غير المتناظر أو غير المتماثل، أي، وفقا لذلك القول، يحق لدول قوية أن تتدخل في دول ضعيفة.

هذا قول سخيف، وهو يتنافى مع الحق الطبيعي والقانون الدولي، بما في ذلك القانون الإنساني الدولي. حق الشعب في السيادة على أراضيه حق طبيعي، حق مستمد من الطبيعة. السيادة في جوهرها تسمو فوق أي اعتبار سياسي أو اقتصادي أو استراتيجي أو عسكري.

ومنطلق الحق الطبيعي في الاختلاف الثقافي يتنافى ويتناقض مع مقولة صراع الحضارات. ليس من الحتمي أن ينشب الصراع بين الحضارات، كما يزعم من يروج لفكرة حتمية نشوب الصراعات، من قبيل صموئيل هنتنتون. إن عدم احترام التنوع الثقافي والحضاري هو الذي يمكن أن يؤدي إلى نشوب الصراع وليس وجود هذا التنوع.

أثر التخصص والسياسة في التقدم

في ظل الحالة المزرية المتضمنة لعوامل تعيق تحقيق قدر كبير من التقدم في العالم النامي يجب تحقيق التغيير الثقافي. ولا يمكن تحويل الإمكان الحبيس لدى الشعوب النامية إلى حقيقة واقعة إلا بإزالة العوامل المعيقة للتقدم.

وللتخلف أسباب منها قلة دور العِلم في حياة المجتمعات ووجود قدر كبير من الجمود والانغلاق الفكريين، وقيام مؤسسات منتفعة من الحالة القائمة بالحد من التأكيد على أهمية دَور العِلم والتكنولوجيا أو بعدم التحفيز بما فيه الكفاية عليه، والسلطة الحكومية وغير الحكومية والنظام الذكوري الأبوي ونظام التعليم التلقيني المؤكد على الاستظهار وإهمال التنشئة على التفكير المستقل المبدع ومعاداة الفكر الفلسفي أو عدم إيلائه ما يستحقه من الاعتبار والدور الكبير الذي تؤديه الحمائلية والطائفية والإقطاع ونظام الشلّة في قطاعات من الشعوب وعدم استعمال الاجتهاد على نحو واف بالغرض وانعدام الجرأة لدى كثيرين من المسلمين على الإشارة إلى سوء فهم قسم من المسلمين لنص القرآن الكريم والسنة النبوية المشرفة وإلى سوء فهم مفاهيم من قبيل القضاء والقدر والعقاب ومسؤولية الإنسان عن أفعاله واستخلاف الله تعالى للإنسان على الأرض والنزعة الإتكالية والانبهار بالشخص الغربي وشعور التضاؤل حياله والتأثير السلبي الذي يمارسه الفكر الساكن وقلة حضور الفكر النشيط النقدي وقلة الأخذ به والغزو الثقافي الغربي الذي يشوش أو يقطع عملية التطور الطبيعي السلس إلى حد ما للفكر.

وللتقدم ملامح. وأحد هذه الملامح هو الانفتاح العقلي على مختلف مجالات الحياة والكون، والاستعداد النفسي والعقلي للحوار البناء معها. ومقياس التقدم هو مدى هذا الانفتاح. ويتحقق هذا الانفتاح عن طريق الوعي بنشاط (دينامية) المفاهيم. ومن أدوات تعزيز هذا الوعي النقدُ الفكري والعقلي والفلسفي والتفكير المنطقي والرياضي. من هنا يعني التقدم توفر القدرة الفكرية على التصدي لحالاتنا الإشكالية التي تحول دون تشخيص أدوائنا ودون السير قدما بحياتنا وكياننا. ومن دلائل الوعي الاستعداد للتعامل العقلاني والموضوعي مع الواقع واحتياجاته.

وذلك لن يتسنى دون تحقيق الحرية الفكرية السياسية والاجتماعية: حرية الفرد في قراره واختياره وأفعاله، وذلك طبعا في نطاق القيم العليا التي يأخذ بها المجتمع ومصالحة وفي إطار القانون والدستور. هذه الحرية الفكرية هي الرافد الرئيسي للإبداع الفكري. وتحقيق الحرية يعني تحقيق إمكان الإبداع.

وللثقافة تعريفات. والأهم منها اثنان: الثقافة هي طريقة الاتصال التي يتبعها البشر وطريقة تعاملهم بعضهم مع بعض وتعاملهم مع الأشياء والظواهر. والتعريف الثاني هو أن الثقافة هي المُثُل والقيم التي يتبناها الشعب. وللتعريفين سمات متشابهة ومتماثلة. وثقافة الشعب مستمدة من الفضاء الأيديولوجي (العقائدي) والأسطوري والفكري والقيمي والتاريخي والنفسي والجغرافي لذلك الشعب.

وأحد أدواء مختلف الثقافات البشرية هو الاستكانة إلى قبول مقولات سياسية واقتصادية وتاريخية دون دراستها على نحو واف. في هذا القبول طَمْس وقَمْع لجوانب لم تُتناول تناولا وافيا لتلك المقولات، وكان يمكن للتناول الوافي لتلك الجوانب أن تغير نظرة الشعوب النامية إلى الاستنتاجات التي تم استنتاجها على أساس الدراسة الناقصة.

السياسة والتأثير

والإنسان مخلوق سياسي. السياسة متأصلة في طبيعة الإنسان وسلوكه وحياته. وللسياسة تعاريف. وأحد هذه التعاريف هو أن السياسة هي العمل على اكتساب القدرة على ممارسة التأثير بغية تحقيق هدف من الأهداف. والسياسة بهذا التعريف أكثر اتساعا من مفهوم السياسة بمعنى سوس الأمم والدول أو بمعنى مجال نشاط الحكومات. وكل نشاط هو نشاط سياسي لأنه مسكون بممارسة التأثير. وفي الحقيقة أن هذا التعريف لم يولَ الاهتمام الذي يستحقه في الدراسات الاجتماعية والتاريخية على الساحة الفكرية العالمية، بما في ذلك الساحة الفكرية العربية.

والعلاقات بين البشر في مختلف المجالات علاقات سياسية، بمعنى أنها تنطوي على التأثير والتأثر. وتنطوي المنظمات الثقافية والاقتصادية على علاقات، فهي إذن علاقات سياسية. والمجتمع البشري المنطوي على العلاقات مجتمع سياسي. والنظام الدولي المنطوي على العلاقات نظام سياسي. وفي أي علاقة بين شعب وشعب آخر أو بين بلد وبلد آخر عامل سياسي.

وتتوقف قوة الصفة السياسية في العلاقات الاجتماعية تبعا لقوة أو ضعف تلك العلاقة وموقعها في الظروف والملابسات الاجتماعية والنفسية والتاريخية والطبيعية.

وتختلف قوة البُعد السياسي لنشاط الإنسان تبعا لاختلاف الظروف التي يعيشها. من هذه الظروف التخصص المهني. كلما ازداد فرد تخصصا من الناحية المهنية قلت قوة البُعد السياسي في أدائه المهني. ولكن يزداد في نفس الوقت ثقله السياسي بوصفه شخصا يؤدي وظيفة في المجتمع. وظيفته المهنية في المجتمع تؤمن ممارسته للتأثير. وحجم هذا التأثير يتوقف على عوامل منها مدى الاحترام الذي يوليه أفراد المجتمع لمزاولة مهنة من المهن. فالتعليم الجامعي، على سبيل المثال، له وزن سياسي أكبر في المتوسط من بعض المهن الأخرى.

ويمكن تناول العامل السياسي لمزاولة المهن من منظور آخر. في هذه المزاولة يقل أو يزيد العامل السياسي تبعا لما إذا كان التخصص المهني في العلوم الطبيعية والرياضية – أي العلوم التي تُدعى دقيقة – أو في العلوم الأقل دقة، من قبيل القانون والعلم السياسي وعلم الاجتماع وعلم النفس وعلم الاقتصاد. من طبيعة العلوم الأقل دقة أنها أكثر طواعية للتأويل وأشد خضوعا لمختلف القرارات. وبعكس ذلك العلومُ الدقيقة التي تقل أو تنعدم فيها القراءات، وبالتالي فهي أقل خضوعا للتفسيرات الذاتية. في الأداء المهني المعتمد على التخصص في العلوم الدقيقة يقل العامل السياسي لأنه ينعدم في هذا الأداء التفسيرُ الشخصي الذاتي المغرض، مما يتيح للمتخصص حيزا أكبر لممارسة التأثير وبالتالي يكون من الأسهل تحقيق الممارسة السياسية في هذه الحالة.

الاختلافات بين شخصية المثقف وشخصية السياسي المحترف

في شخصية كل إنسان قدر من صفة العالم والباحث ومن صفة الشاعر ومن صفة المشرف والمدير والناقد ومن صفة السياسي والمثقف. وشخصيات البشر تختلف بعضها عن بعض. ويتجلى الاختلاف في قوة أو ضعف كل صفة من هذه الصفات أو المكونات. وللسياسي المحترف تعاريف. والسياسي المحترف حسب أحد التعاريف هو الشخص الذي يسعى بشتى الوسائل إلى اكتساب التأثير لتحقيق أهداف معينة. ومن أهم هذه الأهداف تولي السلطة الحكومية وغير الحكومية والرسمية وغير الرسمية. ويكون هذا السعي لدى الأشخاص غير السياسيين المحترفين أقل قوة وطغيانا. وكلما ازدادت هذه الصفة قوة ازدادت فيه صفة السياسي المحترف تعززا وبالعكس.

ومن هنا للسياسيين المحترفين تأثير شامل وعميق. ونظرا إلى هذا التأثير لهؤلاء السياسيين شطر أكبر في تقرير حاضر ومستقبل الشعوب والدول والمجتمعات وفي تقرير طبيعة ظروف حياتها ومعيشتها الإقتصادية والأمنية. ونظرا الى خطورة الدور الذي يؤديه السياسيون المحترفون من اللازم أن تكون لفئات من الشعب أدوار تؤديها في توجيههم وجهة المصالح العامة، وفي طرح طرق بديلة تراها هذه الفئات سليمة من منظور تأمين حياة أفراد الشعب والحفاظ على دينهم وعرضهم وكرامتهم، وفي توجيه النقد إلى الممارسات الحكومية وغير الحكومية التي تمس بمصلحة أفراد الشعب. وفي أداء هذه الأدوار لجميع أفراد الشعب، وخصوصا المثقفين، مكان.

دينامية شخصية السياسي المحترف والمثقف

يتوقف تكوين شخصية السياسي المحترف وشخصية المثقف على شتى الظروف المتغيرة باستمرار، ويتوقف مدى التوتر بينهما على تلك الظروف. ونظرا إلى أن للظروف الاجتماعية والنفسية وغيرها المتفاعلة أثرها في تحديد قوة طغيان السعي إلى ممارسة التأثير وتولي السلطة فإن شخصية السياسي المحترف دينامية وشخصية الإنسان غير السياسي المحترف دينامية، والعلاقة بين السياسي المحترف والإنسان غير السياسي المحترف دينامية. وبحكم هذه الحالة فإن العلاقات بين السياسي المحترف والإنسان غير السياسي المحترف يمكن أن تكون من سماتها العديدة إقصاء السياسي المحترف للمثقف أو تقريبه منه أو علاقة لا تنطوي على الإقصاء أو التقريب.

وابتغاء معرفة شخصية المثقف وشخصية السياسي المحترف لا تكفي معرفة المكونات جميعها في شخصية كل منهما، ولكن من اللازم أيضا معرفة أثر كل مكون من هذه المكونات وهي تتفاعل مع مجموعة الظروف المتغيرة باستمرار. وأثر تلك الظروف في مكونات الشخصية يتغير أيضا تبعا لتغير أثر تلك الظروف بعضها في بعض، مما يجعل أثرها في مكونات الشخصية مختلفا، وبالتالي تتغير أيضا القوة النسبية لكل مكون من هذه المكونات.

يبين هذا العرض أن مفاهيم الشخصية بمكوناتها المختلفة وفي الظروف المختلفة والمتغيرة وفي التفاعل بين هذه المكونات والظروف مفاهيم ذات صبغة دينامية وليست ذات صبغة ساكنة ثابتة. والوجه الثابت في تلك المفاهيم أنها دينامية. ولا بد من معرفة هذه الصفة

ابتغاء معرفة طبيعة العلاقات الاجتماعية ومعرفة شخصية السياسي المحترف وشخصية الإنسان الذي لديه قدر أقل أو أكبر من الثقافة. ولا يمكن الإتيان بفكر وصفي وتحليلي وتفسيري وتنبؤي دقيق دون معرفة هذه الصفة الجوهرية التي تتصف المفاهيم بها. وبعبارة اخرى، لا تمكن معرفة الواقع دون معرفة هذه الصفة.

ولاختلاف مكونات شخصية المثقف وشخصية السياسي المحترف تختلف أساليب العمل والتعامل مع الناس والأشياء. في شخصية السياسي المحترف مكون النزعة إلى الاستفادة – دون التقيد بالضرورة بالوازع الأخلاقي - من الممكن والواقع أكبر في المتوسط من ذلك المكون في شخصية المثقف، ومكون الاهتمام بالقضايا الشخصية أكبر في المتوسط من ذلك المكون في شخصية المثقف. وفي شخصية المثقف تكون النزعة إلى النقد أكبر في المتوسط من ذلك المكون في شخصية السياسي المحترف. وفي شخصية المثقف مكون النزعة إلى التغيير أو عدم التغيير لاعتبارات عامة أكبر في المتوسط من ذلك المكون في شخصية السياسي المحترف. ومكون النزعة في السياسي المحترف إلى البطش بالخصم أكبر في المتوسط من ذلك المكون في شخصية المثقف الذي في شخصيته قدر أكبر في المتوسط من الارتداع عن البطش بالذين يخالفونه الرأي وهامش أكبر من التسامح أو التغاضي أو صرف النظر.

وبحكم شخصية السياسي المحترف لديه قدر أكبر في المتوسط من الاستعداد لأن يغلّب ما يريد تحقيقه على مراعاة مقتضيات مُثُل معينة. ولديه، بسبب حافزه القوي على ممارسة التأثير والسلطة، قدر من التأثير في الدولة والمجتمع أكبر في المتوسط من تأثير المثقف. وبذلك التأثير يستطيع السياسي المحترف أن يحقق أغراضا لا يستطيع في المتوسط المثقف أن يحققها. ويحتاج المثقف أحيانا غير قليلة إلى السياسي المحترف رغم أنه – أي المثقف – قد لا يقبل في المتوسط بالأساليب والوسائل التي حصل بها السياسي المحترف على التأثير الذي يجعل المثقف في حاجة إليه.

التوتر بين المثقف والسياسي المحترف

وللظروف الاجتماعية والتاريخية وللتكوين الفكري والنفسي لأفراد المجتمع أثرها في موقف المثقف ونظرته ودوره. ونظرا إلى أن المثقف أشد وعيا في المتوسط ببعض الأمور يمكنه ويتعين عليه أن يؤدي دورا أقوى أثرا. يمكنه من خلال كلمته أو قلمه أن يقوم بمسح المشاكل ووصفها وتحليلها وأن يتوصل إلى الاستنتاج وأن يشيع فكره على نطاق أوسع.

وبسبب الاختلاف في مكونات الشخصية بين السياسي المحترف والمثقف وأيضا لاختلاف أساليب العمل والتعامل مع الناس والأشياء يشوب التوتر العلاقة بينهما. وبسبب هذا الاختلاف، قد توجد لدى المثقف أسباب لرفض مواقف ووجوه سلوك يتخذها السياسي المحترف أكثر من الأسباب التي لدى السياسي المحترف لرفض مواقف ووجوه سلوك يتخذها المثقف.

اعتبارات السياسة لا تراعي بالضرورة متطلبات الإبداع

والنظم غير الديمقراطية لا تحتمل ممارسة حرية التعبير عن الرأي الذي لا يتفق مع مصالح تلك النظم في مواصلة تولي السلطة السياسية الرسمية وغير الرسمية. ولا تتردد هذه

النظم في لجم لسان المفكر الحر الناقد وتحطيم قلمه وحرمانه من مصدر رزقه وتجويعه وفي سجنه وحتى الفتك به.

من طبيعة المناخ السياسي السائد في أية بقعة من بقاع المعمورة، وعلى وجه الخصوص في البلدان غير الديمقراطية وفي بلدان العالم النامي، أنه ليس مواتيا بالضرورة لبلوغ الإبداع الأدبي والفني والفكري. ومرد عدم ضرورة المواتاة هذا هو أن اعتبارات السياسة - التي هي طريقة تحقيق التأثير لتحقيق غرض معين - لا تراعي بالضرورة متطلبات تحقيق الإبداع. تحقيق التأثير ينطوي على التقييد الفكري والعاطفي، بينما يتطلب الإبداع الانطلاق الفكري والعاطفي، ويتطلب الإبداع الفكر النقدي الذي قد تثني عنه الاعتبارات السياسية.

وبسبب هذه المشكلة لا ينقل الفكر، ناهيكم عن الفكر النقدي الذي قد يجول في خواطر الناس، إلى الساحة العامة إذا كان ذلك الفكر معارضا أو غير مؤيد لسياسة أصحاب السلطة الحكومية، وينكمش الميل لدى المفكر الناقد إلى الإبداع الفكري، أو قد يرى هذا المفكر، اتقاء لغائلة أصحاب السلطة المتربعين على سدة الحكم، تقييد انطلاق الفكر النقدي أو قد يرى أن ينتقي، في تناوله الفكري النقدي، بعض المواضيع التي لا يرى هو أن من المحتمل أن من شأن تناوله هذا أن يوجد صراعا بينه وبين أصحاب تلك السلطة، أو قد يرى تخفيف حدة لهجة النقد في المواضيع التي يجدر إعمال الفكر النقدي فيها.

ونظرا الى أن الحكومة غير الديمقراطية هي المالكة لسلطة صنع القرار وهي المالكة لوسائل إنفاذ القرار ونظرا إلى أنها معنية في المقام الأول ببقائها في مواقع السلطة فإنها في مواجهتها لتلك الاعتبارات المذكورة أعلاه تتخذ على الأغلب قرارا يراعي الاعتبارات التي توليها الأولوية الأولى ولا يراعي المراعاة الواجبة والوافية للاعتبار الذي لا توليه الأولوية الأولى.

وفي حالة التعارض بين اعتبارات مواصلة الإمساك بمقاليد السلطة، من ناحية، واعتبارات الوفاء بحاجات الشعب الاقتصادية والنفسية والسياسية، من ناحية أخرى، عادة تولي الحكومة غير الديمقراطية الأولوية للاعتبارات الأولى.

وفي حالة ارتباط مواصلة الحكومة غير الديمقراطية لتولي مقاليد السلطة بالدول العظمى - وهو ما هو حاصل في حالات كثيرة - فلهذا الاعتبار وزن أكبر لدى الحكومة في قراراتها وسياساتها وإجراءاتها.

طبيعة العلاقة بين الحاكم والمحكومين تسهم إسهاما كبيرا في تفسير كثير من الظواهر الإجتماعية في الدولة والمجتمع. ودراسة العلاقة بين أصحاب السلطات الرسمية، من ناحية، والمحكومين، من ناحية أخرى، طريقة تؤدي إلى فهم طبيعة النظام السياسي وتسهم في فهم العلاقات الاجتماعية في الدولة.

بيد أن هذه العلاقة ليست العامل الوحيد المفسر لظاهرة من الظواهر. وقصر تفسير ظاهرة من الظواهر على عامل واحد فقط ينطوي على إهمال لتاريخية الظواهر الاجتماعية.

والاقتصار أيضا على الأخذ بعامل واحد - مثلا عامل الاستبداد والظلم - في دراسة العلاقة بين الحاكم والمحكوم طريقة يعتورها النقص، لأن هذه الطريقة تنطوي على إهمال لتاريخية الظواهر الاجتماعية. والقول بأن التاريخ هو "قراءة" الحاضر أو هو القيام من منظور الحاضر بقراءة الماضي يعتوره النقص وذلك لأن هذا القول لا يراعي تاريخية الظواهر الاجتماعية.

العلاقة بين حجم دور المثقف وطبيعة نظام الحكم

وتقوم علاقة متبادلة بين طبيعة نظام الحكم وحجم الدور الذي يؤديه المثقف. يحتمل احتمالا أكبر أنه يؤدي دورا فكريا وإعلاميا وتنويريا أكبر في ظل النظم الأكثر ديمقراطية ودورا أقل في ظل النظم الاستبدادية والشمولية والإملائية. في ظل النظم الأكثر ديمقراطية للمثقف متسع أكبر لأخذ زمام المبادرة في المجال الثقافي والفكري ومتسع أكبر للحرية الفكرية وللإعراب عن الراي. وفي ظل النظم الاستبدادية والشمولية لا يوجد مثل هذا المتسع. وبالتالي فإن المثقف في النظم الأكثر ديمقراطية يحتمل احتمالا أكبر أن يؤدي دورا أكبر وأشد أثرا في تحقيق التنمية الاجتماعية والاقتصادية والثقافية والسياسية وفي الإسهام في وضع سياسة الدولة في هذه المجالات وفي تكوين مستقبل البلد والمجتمع وفي تحديد هوية القيم والرؤى التي يستلهمها الشعب. وفي ظل النظم الاستبدادية والشمولية يكون للسلطة الحكومية فيها دور أكبر في تحديد دور المثقف في هذه المجالات وفي وضع سياسة الدولة فيها.

تحجيم الحكومة لدور المثقف يضر بالشعب وبالدولة

وينطوي تقييد المتولين للسلطة الحكومية لدور المثقف في المشاركة في وضع سياسة الدولة على إلحاق ضرر كبير بالشعب والمجتمع والدولة. إذ بقيام أصحاب السلطة الحكومية بذلك وبإيلائهم الأولوية لاعتبارات ومقتضيات مواصلة البقاء في سدة الحكم يحجبون عن أنفسهم وعن الشعب رؤية بدائل أخرى في حياة الشعب والمجتمع قد تكون أكثر صلاحا من البديل الذي يأخذ به أصحاب السلطة ويحجبون عن أنفسهم وعن الشعب أيضا رؤية تحديات وتهديدات أو فرص وشيكة أو كامنة أو ممكنة للشعب والدولة. ومن شأن هذا الحجب ألا يتيح للمتولين للسلطة ولأفراد وجماعات من الشعب التصدي بالوسائل الفكرية والمالية والعملية المتاحة لهذه التحديات والتهديدات وألا يتيح لهم ولأفراد وجماعات من الشعب معرفة كيفية اغتنام الفرص المبشرة بالخير التي من شأن اغتنامها أن يكون له الأثر الكبير في تحسين حالة الشعب ومستقبله ومصيره.

ونتيجة عن ذلك يضعف او يزول – إن كان موجودا – أساس توافق أفراد المجتمع، ويتخذ الناس من المتولين للسلطة موقفا متحفظا أو معاديا، ولا يعتبر الناس السلطة مصدر عون لهم، وينتفي في تلك الحالة مفهوم رئيسي من مفاهيم السلطة الرسمية وهو أن تؤدي وظيفة الخدمة لأفراد الشعب.

وفي هذا الجو قد ينفق قدر كبير من طاقة السلطة والشعب ليس على محاولة تحقيق الانسجام الاجتماعي ومصالح الشعب، ولكن على تعزيز كل طرف لمواقعه حيال الآخر.

نظام القطب الواحد ونشوء النظام المتعدد الأقطاب: الحتميات والاحتمالات

إحدى الخصائص الرئيسية للنظام السياسي الدولي أنه نظام فوضوي. في هذا النظام الفوضوي يتعين على كل دولة أن تنهض بأعباء أمنها وهي تواجه تهديدات حقيقية أو تبدو أنها حقيقية. ومن سمات هذا النظام أنه يتعين على كل دولة أن تهتم بنفسها وأن البقاء هو الشاغل الأول للدول، باستثناء الدول التي تغط في نومها. ونظرا إلى فوضوية هذا النظام وإلى اهتمام الدول ببقائها وأمنها فإن السياسة الدولية ميدان للتنافس بين الدول. وينشأ تفاعل بين عناصر قوة دولة من الدول والنظام العالمي المتسم بالفوضى. وتسفر عن هذا التفاعل آثار هامة في سياسة الدول وممارساتها على الساحتين الداخلية والخارجية، ما له أثره الكبير في النظام العالمي.

وللتنافس بين الدول مظهران وهما إيجاد التوازن وأثر التماثُل. في نظام دولي يتسم بالفوضى والتنافس يجب دائما على كل دولة أن تهتم بنفسها وأن تتنبه إلى أن دولا أخرى قد تستعمل قدراتها النسبية الأكبر ضدها.

يجعل هذا التنافس الدولة المؤهلة لنيل مركز الدولة العظمى تسعى لنيل هذا المركز. والتنافس بين الدول في السياسة الدولية يتجلى في جنوح الدول إلى إيجاد التوازن بعضها مع بعض. ومن الطبيعي والمنطقي أنه كلما ازدادت الفجوة اتساعا بين الدول في القدرات العسكرية والاقتصادية والمالية والإدارية والتنظيمية والتكنولوجية ازداد تحقيق التوازن بينها صعوبة، وبالعكس. والسبب في أن الدول تنحو إلى إيجاد التوازن هو أن تصحح توزّعا غير متماثل للقوة النسبية في النظام الدولي.

ونظرا إلى ميل الدول إلى إيجاد التوازن لا يكون النظام السياسي الدولي القائم على القطب الواحد دائما، ويحتمل أن يكون هذا النظام قصير العمر، وبالتالي لا تحقق الدولة المهيمنة الهيمنة الدائمة. في الواقع البنيوي النشيط (الدينامي)، ويتجلى نشاطه في ميل الدول إلى إيجاد التوازن في حالة التنافس بينها، من الصحيح القول إن المرء يتوقع أن تولد هيمنةُ دولة نشوء دولة أو دول عظمى جديدة تكون معادلة للدولة التي كانت مهيمنة.

ونظرا إلى أن لتغيرات القوة النسبية للدول متضمنات أمنية حاسمة فإنها – أي الدول – تولي اهتماما كبيرا لهذه التغيرات. وللتنمية الاقتصادية والاجتماعية معدلات متباينة. هذه التنمية، فضلا عن المصادر المالية والقدرة التكنولوجية والتنظيمية، هي أحد الأسباب الرئيسية للتغير في التوزع النسبي للقوة بين الدول.

وبتعزيز الدول لقدراتها النسبية الخاصة بها أو بتقليل القدرات النسبية للدول المخاصِمة تحصل الدول على مكسبين: قدر أكبر من الأمن ومجموعة أكبر من البدائل الاستراتيجية. والعكس صحيح بالنسبة إلى الدول التي تبقى غير مبالية بعلاقات القوة النسبية. وبالتالي فإن التنافس في النظام الدولي يحفز وقد يحمل دولة على السعي إلى زيادة قوتها أو، على الأقل، إلى محاولة تلك الدولة منع دول أخرى منافسة من التعزيز النسبي لقوتها.

ويوجد التنافس ميلا لدى الدول إلى محاولة مماثلة الدول المنافِسة، أي إلى محاولة اكتساب الصفات البارزة والنافعة لدى الدول المنافِسة. وتتضمن هذه الصفات الاستراتيجيات العسكرية والتكتيكات والأسلحة والتكنولوجيا، وتشمل أيضا السبل والوسائل الإدارية والتنظيمية والتعبوية. فإذا نجحت دولة في استحداث أدوات فعالة ومجدية توجب على دولة أو دول أخرى،

في سياق المنافسة، أن تضاهيها، وإلا فإن تلك الدول ستواجه نتائج التخلف في مجال الاستحداث العلمي والتكنولوجي والفكري والتطبيقي. يدفع الخوفُ الدول إلى اتباع سياسات حققت بها دول أخرى النجاح لأن صانعي السياسة يعرفون أن الفشل، في سياق النظام الدولي الفوضوي، يمكن أن يعني اختفاء دولهم أو تقليص رقعتها أو تهميشها.

من وجهة النظر هذه تبدو الدول العظمى، في شؤون حرجة وحاسمة وحساسة، متشابهة، وتعمل فيما يتعلق بهذه الشؤون على نحو متشابه إلى حد كبير. وللتشابه بين الدول في وسائلها وقدراتها في سياق التنافس أثره الحتمي. ويمكن القول إن حتميات أثر التشابه تحمل الدول ذات الأهلية على أن تصبح دولا عظمى وعلى أن تسعى إلى اكتساب القدرات المقترنة بذلك المركز. في نظام مساعدة الدولة لذاتها فإن امتلاكها لمعظم القدرات ولكن ليس كلها يجعل تلك الدولة عرضة ومكشوفة حيال دولة أو دول أخرى لديها الوسائل التي تفتقر إليها الدولة الأولى.

وبحكم التعريف فإن توزُّع القوة النسبية في نظام قائم على قطب واحد مختلّ تماما. وبالتالي في نظام قائم على قطب واحد تكون دول مؤهلة لأن تزيد قدرتها النسبية ولأن تصبح دولا أقوى ودولا عظمى عرضة لضغوط نابعة من بنية التنافس على الصعيد العالمي. وفي حالة عدم اكتساب الدول لقدرات الدولة العظمى تقوم الدولة المهيمنة بالاستفادة من حالة عدم الاكتساب هذه وباستغلالها. ومن الطبيعي أن سعي الدول المؤهلة إلى تحقيق الأمن لنفسها قد يوجد معضلة الأمن لأن الأنشطة التي تقصد بها الدول المؤهلة تعزيز أمنها الخاص بها قد تكون لها النتائج غير المقصودة، يمكن أن تتجلى في زيادة طموحات الدول المؤهلة أو تعريض دول أخرى للتهديد أو في المساس بقوة الدولة المهيمنة أو في زعزعة الحالة الإقليمية أو العالمية.

ويزعم بعض المنظِّرين بأن هيمنة دولة واحدة وما يُدعى توازن التهديد يمكن أن يشكلا أساسا لاستقرار النظام الدولي. لا يبدو أن لهذا الزعم أساسا من الصحة. لا يبالي هذا الزعم بما لدى الدول غير المهيمنة من مبالاة بتوزع القوة النسبية. فهيمنة دولة واحدة تغريها باتباع سياسات تفتقر إلى الحساسية بما لهذه السياسات من أثر في توزع القوة النسبية وفي زعزعة الحالة العالمية. وتلك الهيمنة تدفع دولا أخرى إلى العمل على تأكيد حضورها الدبلوماسي والسياسي والعسكري والاقتصادي، ما يفضي في مرحلة من المراحل إلى حالة التنافس مع الدولة المهيمنة. ولا يمكن أن يؤدي ما يدعى توازن التهديد إلى استقرار النظام الدولي لأنه لا يمكن أن ينشأ التوازن في التهديد على الساحة العالمية. التهديد يوجد حتما حالة يشوبها الشك والقلق والخوف. هذه الحالة تتنافى مع عوامل التوازن. وتؤدي هذه الحالة بالدول القلقة والخائفة إلى السعي إلى زيادة قوتها في شتى المجالات مما يحول دون نشوء التوازن.

ومما يسهم أيضا في الحيلولة دون نشوء استقرار النظام الدولي هو أن الدول تتخوف من أن يمسي البلد الحليف في الوقت الحاضر بلدا خصما أو منافسا في الغد. يحتمل احتمالا كبيرا أن ينعكس هذا التخوف في السياسات التي تتبعها الدول. بالتالي قد تولي دولة اهتماما خاصا لمعرفة كيفية إمكان أن يؤثر التعاون مع بلد حليف في الوقت الحاضر في توزع القوة النسبية بينهما في المستقبل.

وكما أن ظروفا توجد هيمنة دولة من الدول فإن تغير تلك الظروف يؤدي إلى انحسار قوة الدولة المهيمنة وإلى تلاشي تلك الهيمنة. وإذا نشأ ما يشبه الاستقرار في ظل هيمنة دولة واحدة فإن ذلك الاستقرار غير حقيقي. تحت السطح تعمل عوامل منبعها الدول والجهات العاملة الأخرى على تغيير هذه الحالة ومنافسة الدولة المهيمنة. ومما تسهم في إظهار الحالة على

حقيقتها، أي حقيقة عدم استتباب الاستقرار الحقيقي في ظل دولة مهيمنة، عوامل منها، فضلا عن العوامل المذكورة أعلاه، اعتبار الدولة المهيمنة نفسها مركز العالم، والانقطاع بين سياسات تلك الدولة والواقع المعاش، وآثار عدم مراعاة حاجات الدول والشعوب الأخرى.

هذه العوامل كلها تؤدي بمرور الوقت إلى التأكل الملحوظ في هيبة الدولة المهيمنة وفي الوزن المعنوي لموقفها، ما يسهم في عدم المبالاة بمواقفها وفي تعزيز اتجاه الدول غير العظمى إلى محاولة تعزيز حضورها وإلى زيادة قوتها النسبية على الساحة العالمية. وإدامة الدولة المهيمنة لقوتها وسيطرتها تنطوي على تكاليف اقتصادية ومالية باهظة لها أثر سلبي في اقتصادها الداخلي وفي شعبية سياساتها. وانتشار المهارات الاقتصادية والتكنولوجية والتنظيمية التي تمتلكها دولة مهيمنة في دول أخرى من شأنه أن ينال من التفوق النسبي لتلك الدولة على تلك الدول.

وأحيانا كثيرة لدى الدول الأخرى هذه أهلية لأن ترقى إلى مركز الدولة العظمى ولأن تتحدى سيطرة الدولة المهيمنة. في نظام القطب الواحد يمكن لدول قوية أن تكبح أثر قوة الدولة المهيمنة وأن تحدث التوازن لمواجهة قوة هذه الدولة. ونظرا إلى أن التهديد متأصل في قوة الدولة المهيمنة لا يمكن التفريق بين التوازن لمواجهة التهديد والتوازن لمواجهة القوة. وبالتالي في ظل نظام القطب الواحد ثمة ما يدعو إلى قلق دول من قدرات الدولة المهيمنة ونواياها.

نوايا الدولة المهيمنة عرضة للتغيير. قد لا تكون نوايا الدولة المهيمنة ماسّة بدول أخرى في وقت ما ولكنها قد تكون ماسّة بها في وقت آخر. نوايا الدولة المهيمنة قد تتغير، ويرجح أن تتغير، بنشوء ظروف جديدة من قبيل التطوير التكنولوجي وتولي سياسيين جدد للسلطة وتبني قيم ومذاهب مختلفة ونشوء تحديات وفرص جديدة. وحتى لا تكون الدول الأخرى عرضة لآثار التغيير في نوايا الدولة المهيمنة يتعين على تلك الدول أن تكون محتاطة لاحتمال تغير النوايا وأن تكون مستعدة لأن تتصدى لتداعيات التغير المحتمل في نوايا الدولة المهيمنة.

ولا نجافي الحقيقة إذا قلنا إن سياسات الدولة المهيمنة لا مفر من أن تتعارض مع مصالح بعض الدول على سطح كوكبنا الذي تختلف أو تتضارب أو تتطاحن فيه اعتبارات ومصالح دول قوية بعضها مع بعض. اعتقاد دول بأنه توجد دولة تمتلك قوة كبيرة من شأنه أن يعود بالضرر على تلك الدولة القوية، إذ ان هذا الاعتقاد يحرك دولا إلى إيجاد التوازن لمواجهة الدولة القوية. ولكبح الدولة القوية ولإيجاد توازن القوة تميل الدول، إذا أمكنها ذلك، إلى تأييد الطرف الأضعف حيال الطرف الأقوى الذي هو مصدر التهديد والذي يمارس الضغط على دول أخرى لقبول رؤاه وسياساته.

لقد شهدت فترة الحرب الباردة التي انتهت سنة 1989 محاولات لاستعادة التوازن على الساحة الدولية. بعد أزمة القذائف السوفياتية على أرض كوبا في أوائل الستينيات من القرن الماضي، على سبيل المثال، كانت السياسة الفرنسية يقودها الاعتقاد بأن كفة ميزان القوة في التنافس السوفياتي-الأمريكي مالت لصالح الولايات المتحدة. ورأى الرئيس الفرنسي شارل ديغول أن الولايات المتحدة أصبحت أعظم دولة وأنها تساق على نحو "تلقائي" إلى بسط نفوذها وإلى أن تمارس الهيمنة على الدول الأخرى. والحاجة إلى إزالة هذا الاختلال في توازن القوة وإمكانية نشوء نظام يقوم على قطب واحد أصبحتا أحد الشواغل الكبرى وأحد العوامل الرئيسية المحركة للسياسة الفرنسية في السنوات الختامية لحكم ديغول. ويطرح سؤال هام جدا اليوم وهو: هل سيتكرر نمط إيجاد التوازن لمواجهة دولة مهيمنة، في نظام أحادي القطب، فعلي أو متصور، في الوقت الحاضر؟

العرب والنهضة العلمية

على الرغم من أن البلدان العربية – وسائر البلدان النامية – حققت قدرا من التقدم العلمي، فإن ذلك القدر ضئيل بالمقارنة بالتقدم العلمي الكبير الذي حُقق في البلدان الغربية. وعلى الرغم من أنه أنجزت في العقود القليلة نسبيا الماضية وجوه التقدم في العلوم الطبيعية والاجتماعية والنفسية وعلوم الاتصالات فإن التقدم الذي حققته البلدان النامية في هذه المجالات قليل. في هذا المجال البلدان النامية متخلفة، بمعنى أنها متخلفة عن مسايرة التطور العلمي والتكنولوجي. ومن الجلي أنه تقوم عوامل موضوعية تؤخر تحقيق البلدان النامية لمزيد من التقدم العلمي. وليس القصد من هذا المقال إيراد هذه العوامل، فقد وردت في مقالات سابقة نشرت في مختلف المنشورات باللغتين العربية والإنكليزية وغيرهما من اللغات.

لقد أنجزت كشوف علمية كثيرة، بيد أن البلدان النامية لا تعلم إلا بالقليل من هذه الكشوف، ولا تستفيد هذه البلدان من التطبيقات العلمية والتكنولوجية القائمة والجديدة استفادة كبيرة. ينبغي للعرب أن يبدأوا فورا بمضاعفة الجهود المبذولة للانضمام إلى مسيرة المعرفة ولتحقيق التقدم العلمي ولاكتساب المعرفة العلمية وللقيام بأنفسهم بتطبيق العلوم في مختلف المجالات. وهذه المسيرة طويلة، وهي لا تنتهي، لأن العقل والنفس البشريين لا يكفان عن محاولة اكتشاف المجهول ولأن النفس البشرية لا تكف عن استخدام العقل في اكتشاف مكتشفات تلبي حاجات البشر.

ويبدو أن الجامعات في البلدان النامية لم ترق إلى مستوى الوظيفة التي يتوقع أن تؤديها وهي تعريف الطلاب، وخصوصا طلاب الماجستير والدكتوراة، بآخر ما بلغته العلوم والمعرفة البشرية، ولم تحقق النجاح الكامل في تخريج أجيال من الباحثين المستقلي والمنطلقي التفكير في العلوم التطبيقية والطبيعية وعلوم الاتصالات. ولم تنجح الجامعات والمجامع اللغوية في تعريب كل العلوم على مستوى الجامعات وفي جعل اللغة العربية لغة التعليم في الكليات والجامعات في كل المواضيع أو في معظمها. ولم تعتمد السلطات الرسمية في البلدان العربية سياسة تعميم استعمال اللغة العربية بوصفها لغة التعليم والأبحاث، على الرغم من أن هذه اللغة العلمية العظيمة كانت لغة العلوم الأدبية والطبيعية والفلسفية والشرعية على النطاق العالمي طيلة سبعة قرون، من القرن التاسع حتى القرن السابع عشر، في الدولة العباسية والدولة الأموية في الأندلس والدولة الفاطمية في مصر وغيرها من الدول الإسلامية.

ومن المفيد للشعب رفع نسبة الخريجين والخريجات من المدارس الابتدائية والثانوية ومن الكليات والجامعات في مختلف العلوم المفيدة للشعب وسلامته ورخائه. وحتى يحقق شعب من الشعوب التقدم العلمي والتكنولوجي وحتى يكتسب المعرفة من الضروري رفع المستوى العلمي لأفراده، وأن تضم تخصصاتهم العلوم الأدبية والاجتماعية وأيضا العلوم الطبيعية والرياضية والفلسفة والمنطق، شريطة أن يسترشد النظام الاجتماعي والاقتصادي برؤية ترنو إلى اللحاق بركب التقدم وإلى المشاركة في العطاء العلمي وفي زيادة الثروة العلمية والمعرفية الضخمة. والمقصود بالمستوى العالي لدى الفرد الخريج هو أن يكون لديه اقتناع، عن وعي، بمبدأ ضرورة السلوك بوصفه عالما خبيرا متقيدا بقواعد السلوك العقلي العلمي، وأن تكون لديه القدرة على إعلاء هذه القواعد فوق الاعتبارات التي تتنافى أو لا تتفق مع قواعد السلوك

العلمي. إن نبوغ الآلاف من أبرز وأعظم العلماء العرب والعالمات العربيات في العلوم الاجتماعية والنفسية والطبيعية والرياضية والتكنولوجية والفلسفة والمنطق كفيل، إذا توفرت البيئة السياسية والثقافية والاقتصادية والنفسية المواتية، بأن يحقق نقلة علمية وتكنولوجية نوعية عربية خلال فترة زمنية غير طويلة.

تأخر النهضة العربية والحكم الأجنبي

تشارك جهات أجنبية في تقرير واقع العرب ومصيرهم. وتقوم أسباب في قلة التأثير العربي في التاريخ وفي تخلفهم. وأحد الأسباب الرئيسية هو أن الشعوب العربية خضعت ولا تزال تخضع لتهديدات جهات فاعلة غربية واستيطانية واستعمارية وتوسعية وإذلالية تهدف إلى فرض الهيمنة والتسلط الاقتصاديين والسياسيين والعسكريين والثقافيين على الوطن العربي وإلى جعل نفسها سيدة عليه وتهدف إلى الحيلولة دون توحيد الشعوب العربية وإلى تعميق الفرقة بينها وإلى إضعافها علميا وتكنولوجيا ومعنويا وماديا وإلى نهب ثرواتها، وبالتالي إلى منع التقدم العربي، والقضاء على طموحات الأمة العربية إلى شغل موقعها الذي تستحقه على وجه هذا الكوكب. وحملت سياسات هذه الجهات البلدان العربية على تخصيص مبالغ مالية طائلة للجوانب الأمنية والدفاعية، ما أسهم في إفقار كثير من الشعوب العربية وإلى تأخير إحرازها للتقدم وإلى انحراف تلك البلدان عن التوجه إلى معالجة المشاكل الاقتصادية والاجتماعية والسياسية والثقافية لبعض البلدان العربية وإلى الانشغال المكثف والدائم بمواجهة التهديدات والأخطار الداخلية والخارجية المحدقة بها.

والسبب الرئيسي الآخر في قلة تأثير العرب وفي تخلفهم هو أن تجربة تحقيق النهضة العربية في القرنين الماضيين واكبها التحول في النظام الرأسمالي إلى الإمبريالية، وتقسيم الدول الغربية العالم إلى مناطق لنفوذها. انقضّت الدول الإمبريالية القوية الغالبة في الغرب على بلدان العالم الثالث وأخضعتها واحتلتها وسيطرت عليها وحكمتها وجزأتها وسخرت اقتصادات تلك البلدان لمصالحها الاقتصادية والاستراتيجية بأسلحتها وتكنولوجيتها المتطورة المتفوقة وبجيوشها المنظمة المدربة القوية المدججة بالسلاح.

ومما ساعد الدول الغربية على تحقيق أهدافها أن العرب تعرضوا لتلك النشاطات الغربية قبل أن يوحدوا كلمتهم وأن يلتزموا بشكل من أشكال التوحيد.

ومنعت تلك الدول بلدان العالم الثالث من تحقيق أهدافها القومية والإنمائية والاجتماعية والاقتصادية. فقد أفشلت تلك الدول التجارب الوحدوية والاستقلالية والنهضوية. ذلك ما واجهته تجربة محمد علي الكبير في مصر وداوود باشا في العراق وخير الدين التونسي. ومن القرن التاسع عشر أخضعت فرنسا بضعة بلدان من شمال أفريقيا لحكمها، وغزت بريطانيا مصر، فاصلة إياها عن السلطنة العثمانية، في أوائل الثمانينيات من القرن التاسع عشر. وسنة 1916 قسّم اتفاق سايكس-بيكو البريطاني-الفرنسي الأراضي العربية التي كانت جزءا من تلك السلطنة. وتقاسمت بريطانيا وفرنسا وفقا لهذا الاتفاق الحكم والنفوذ في المشرق العربي. وغزت إيطاليا واحتلت ليبيا في أوائل القرن العشرين وإثيوبيا سنة 1936.

ووضع المشروع الصهيوني الذي احتضنته ودعمته بريطانيا وغيرها من الدول الغربية والذي رمى إلى إقامة دولة يهودية على أرض فلسطين. وعلى الرغم من محاولات فلسطينية وعربية لإحباط تحقيق هذا المشروع، الذي عده العرب أنه يعترض تحقيق طموحاتهم إلى الاستقلال والوحدة، نجحت الحركة الصهيونية القوية والمنظمة وذات الموارد المالية الكبيرة سنة 1948 في إقامة الدولة اليهودية في فلسطين. ومن الجدير بالذكر أن المفكر السوري اللبناني نجيب العازوري كتب كتابا أشار فيه إلى طبيعة وأهداف الحركة الصهيونية، وصدر الكتاب سنة 1903، أي بعد عقد المؤتمر الصهيوني الأول في بازل بسويسرا بست

سنوات، ما يدل على أن مثقفين عربا أدركوا من بداية القرن العشرين أهداف تلك الحركة في جنوب غربي آسيا. وأدى الصراع المتأجج بين الحركة الصهيونية قبل سنة 1948 وبعدها والعرب إلى خسائر تقدر بمئات المليارات من الدولارات وشغل العرب بمسألة كيفية مقاومة المشروع الصهيوني، ما أسهم في فشل المحاولات النهضوية العربية.

وعلى الرغم من نيل كثير من البلدان العربية لاستقلالها في السنوات التالية لنهاية الحرب العالمية الثانية سنة 1945 فإن النفوذ الاقتصادي والتجاري والمالي والعسكري والسياسي والاستراتيجي والثقافي الغربي فيها كان لا يزال قويا.

وحققت تلك الجهات الفاعلة قدرا كبيرا من النجاح في تحقيق هذه الأهداف، إذ لم تتعرض تلك الجهات لضغوط تجعلها تغير سياساتها وإجراءاتها.

وتنقسم انظمة الحكم العربية بعضها على بعض. وينعدم التماسك القومي الحقيقي على مستوى الدول وأنظمة الحكم العربية، وثمة تناحر بين الحكومات العربية وتنشغل عن التهديدات التي تطالها، ويقيم بعضها تحالفات مع جهات ضد أنظمة عربية أخرى. هذا التفكك العربي يكاد ان يتخذ سمة الانتحار الجماعي. وتوجد أسباب لهذا التفكك، منها المغالاة في الأخذ بالنظام الرأسمالي، والاستبداد بالحكم وعدم إقامة العدالة الاجتماعية وعدم التنشئة على التفكير المستقل والخضوع للحكم الأجنبي والاستعماري مدة طويلة، وغلبة العقلية الطائفية والمحلية الضيقة الأفق وغلبة النظام الذكوري الابوي وتدني وضع المرأة وغلبة النزعة القُطْرية.

وفي ظل التهديدات الداخلية والخارجية التي واجهتها أنطمة الحكم العربية التي حققت الاستقلال وتولت السلطة بعد الحرب العالمية الثانية وفي سنوات الخمسين من القرن الماضي نشأت حالة تجلت في نشوء "الدولة العربية الأمنية" التي فيها انتشر الفساد على نحو تدريجي مثل الرشوة والموافقة على إدخال نفايات نووية في بعض الدول العربية والسكوت عن المظالم وعن الإهانة القومية وفقد أفراد الشعب حسهم بالأمن وتعززت الخدمات الإستخبارية على الساحة الداخلية. وما أسهم في ذيوع هذا الفساد السيولة المادية الكبيرة التي دخلت في جيوب وحسابات مسؤولين في النظام الرسمي السياسي.

وبمرور الوقت تهادنت بعض أنظمة الحكم العربية مع تلك الجهات بسبب مراعاة تلك الأنظمة لمصالحها الخاصة والفردية، مصالح ممارسة السلطة والمصالح الإقتصادية والمالية، على حساب قيم ومصالح الشعوب. وتؤيد تلك الجهاتُ الأنظمة الموالية لها بقطع النظر عن مدى قيامها بالقمع ومدى عزلتها أو شعبيتها. ونشأت على نحو تدريجي تبعية أصبحت مطلقة للجهات الغربية.

وفي غياب النظم الديمقراطية أو عدم سلامة تطبيقها وممارستها تسود الإنسدادات والتشنجات المجتمعات العربية. وأدت هذه الانسدادات والتشنجات ولا تزال تؤدي إلى نقص الاتصال والحوار بين الأفراد والفئات في المجتمع العربي وإلى الاحتقانات الاجتماعية والاستياء والسخط على مستوى الفرد والمجموعة، وإلى الريبة والتقوقع. وكل هذه التطورات وصفة قوية للإبطاء بالتقدم الاجتماعي أو لإيقافه.

الجهات المتولية للسلطة وعرقلة النمو الفكري وإرهاق "الأنا" العربية

تسود الشعوب العربية حالة من الإحباط والاستياء والغضب. وتقوم أسباب كثيرة لهذه الحالة، منها تردي الحالة العربية في مختلف المجالات، مجالات الاقتصاد والسياسة والثقافة، والضعف في الداخل والخارج، والنشاطات والممارسات والسياسات القمعية التي تقوم بها داخل البلدان العربية جهات محلية وأجنبية متولية للسلطة الحكومية والسلطة غير الحكومية.

ومسؤولية التخلص من هذه الحالة المزرية تقع على كاهل جميع فئات المجتمع: السلطات الحكومية وغير الحكومية والأوساط المالكة للوعي الثقافي والمدني والسياسي ومختلف منظمات المجتمع المدني. وتوجد بين الشعوب العربية – شأنها شأن سائر الشعوب النامية – فئات واعية وطنية وقومية تسعى إلى إيقاف هذا التردي وإلى عكس اتجاهه.

وإحدى طرق التخلص من هذه الحالة اكتساب المعرفة وتحقيق التقدم الحضاري. وهذان يتطلبان توفر صفات منها التخصص والنزعة الاحترافية واتباع طرق البحث العلمي وإعمال الفكر النقدي الهادف الواعي بالواقع الاجتماعي والنفسي والتاريخي الذي يعيشه الشعب والمتفاعل معه. ولتحقيق التخصص واتباع النهج العلمي وإشاعة الفكر النقدي تجب التنشئة على هذه الصفات واحترامها، ويجب أن تكون الجهات المتولية للسلطات الحكومية وغير الحكومية مقدّرة لهذه الصفات وعاملة على تشجيعها والنهوض بها.

وتوفر صفات من قبيل التخصص والنزعة الاحترافية وتطبيق طرق البحث العلمي وإعمال الفكر النقدي يعني، من جملة ما يعنيه، مراعاة طبيعة الموضوع؛ وبعبارة أخرى، مراعاة الجوانب الموضوعية للأشياء. ولا يمكن تحقيق هذه المراعاة دون تحقيق القدر الأقصى الممكن من فصل الذات عن الموضوع – ولعل الفصل التام بينهما غير ممكن – ما يسهم في تعزيز استقلال الموضوع وفي عدم هيمنة الذات عليه.

ولمختلف فئات المجتمع البشري رؤى ومعتقدات وتصورات وأهواء وأغراض ومصالح ومطامع. دعونا نطلق على هذه كلها اسم مجموعة العوامل الذاتية. وتحقيق أي عامل من عوامل هذه المجموعة إما يسهم في تحقيق المعرفة أو يكون أثره في التحقيق محايدا، أو يسهم في عرقلة التحقيق. ويمكن لعامل من هذه العوامل أن يكون له أثر في فترة زمنية معينة أو في ظل ظروف اجتماعية وسياسية واقتصادية معينة وأن يختلف أثره في فترة أو ظروف أخرى. وتقوم علاقة متبادلة نشيطة (دينامية) بين تلك الظروف ومجموعة العوامل تلك. فإنشاء صاحب النفوذ لجامعة من الجامعات قد يكون له أثر إيجابي في النهوض بواحدة أو أكثر من الصفات المذكورة، على الرغم من أن دافعه في إنشاء تلك الجامعة قد يكون تعزيز شعبيته. وملاحقة رئيس حكومة للمثقفين والمستنيرين والواعين والمحللين الذين ينتقدون سياسته الطائشة أو المبددة للمال الخاص أو العام أو القمعية من شأنها أن تسهم في عرقلة اكتساب بعض تلك الصفات. وإشاعة رئيس جماعة من الجماعات للسحر ونشر الشعوذة والاعتقاد بالخرافات من شأنها أن تسهم في عرقلة اكتساب المعرفة.

ونشأت تطورات شجعت على نشوء الاتجاهات القُطرية على حساب الحس بالانتماء القومي العربي وبالحاجة إلى الوحدة العربية أو، على الأقل، توحيد الموقف العربي أو التنسيق السياسي أو الدفاعي العربي. وتدعو أصوات، بحجة الليبرالية، إلى تبني مفاهيم من قبيل مفهوم "الشرق أوسطية"، وكأن عبارة "الوطن العربي" غير وافية بالغرض، والاندماج – التابع يقينا

– في النظام الرأسمالي العالمي باسم العولمة على حساب وضع مشاريع انمائية تستلهم فكر الشعوب العربية وأولوياتها ومصالحها العليا.

ويرافق هذه التطورات ازديادُ قوة – بل طغيان - النزعة الاستهلاكية، والإفراط في النزعة الفردية الطفيلية، وفقدان التماسك النظري والاتساق الفكري وتفشي التسيب الخُلقي ونزعة الربح المطلقة العنان، وقلة الالتفات إلى وضع المشاريع الإنتاجية الخاصة والعامة، وضعف المنظمات القومية والتقدمية والمدنية حقا وقلة الاعتناء بها.

هذه الحالة بجوانبها العديدة أعاقت وما تزال تعيق انسياب نمو الفكر المتدفق بسلاسة في المجتمع العربي – وسائر العالم النامي – في بيئة اجتماعية ونفسية مواتية تمس حاجة الشعوب النامية إليها لتقوم بعمليتها الإنمائية دون أن تكون خاضعة للانسدادات والتشنجات الاقتصادية والثقافية والنفسية الثقيلة المعرقلة والمحبطة لتتويج تلك العملية بالنجاح. وتزيد تلك الحالة أيضا تبعية الواقع العربي بشتى أبعاده الاقتصادية والسياسية والنفسية للرأسمالية العالمية.

وبسبب التراكمات الكثيرة التاريخية التي سببتها وتسببها التأثيرات الداخلية والخارجية لعل "الأنا" العربية أصبحت مترددة وغير موقنة من ذاتها، وفقدت تلك "الأنا" قدرا كبيرا من القدرة على رؤية نفسها ووعي أبعادها الأصيلة وأوجدت تلك التأثيرات بعض التشويه في الشخصية العربية السوية.

وبتزايد هذه التطورات وتزايد قوة أثرها في البلدان النامية الهشة والضعيفة أصلا ونتيجة عن تعرض تلك البلدان للتأثيرات والضغوط الاقتصادية والسياسية والعسكرية من جانب القوى الرأسمالية الاحتكارية الساعية إلى تحقيق الأرباح الطائلة وعن فقدانها لقدر كبير من وسائل التحكم باقتصادها تزداد هذه البلدان ضعفا وانكشافا اقتصاديا وثقافيا وسياسيا، وتتلاشى حصانتها القومية وتضعف الدولة عموما.

وأحدثت العلاقات بين الجهات المتولية للسلطة الحكومية والجهات الرأسمالية الأجنبية تغييرا في الأداء الوظيفي للجهات المتولية للسلطة الحكومية. أصبحت إحدى وظائف تلك الحهات المحلية القيام بدور شرطي أو عسكري الأمن العامل على سلاسة تدفق الأموال في طرق الاستغلال على جيوب أفراد وشركات الطبقة الرأسمالية في الداخل وجيوب الجهات التي تسيطر وتهيمن عليهم في الخارج.

ويتمثل ضعف الدولة النامية أيضا في حملها على تصفية القطاع العام وتعزيز القطاع الخاص وفتح ابواب هذا القطاع في وجه الرأسمال الأجنبي القوي دون ضوابط من الحكومات والهيئات العامة داخل البلدان المعنية.

ومما يضعف الدولة أيضا ويضر بسكانها أن يكون الحاكم في الدولة مستبدا أو أن يكون الحكام فيها مستبدين. وبالنظر الى أن الحكام المستبدين لا يطيقون أن يشاركهم أحد في اتخاذ القرار وتوجيه دفة السفينة – التي نأمل في أن نجد من ينتشلها من الغرق - فإن الاستبداد يتناقض مع العدالة ومع النظام الديمقراطي. لا عدالة في حالة الاستبداد. إذا مورس الاستبداد انتفت العدالة إذا كانت قائمة. إن من يقيم العدالة بين الناس لا يستبد بهم. سمة العدالة أو سمة الاستبداد تقع في صميم العلاقة بين الحكم والحاكم، من ناحية، والأفراد والجماعات والشعب، من ناحية أخرى. ومما يسهم في إقامة العدالة بين الناس هو النظام الديمقراطي. وبالنظر الى أن الناس ينفرون ممن يستبد بهم ويعادونه فإن الاستبداد يؤدي الى نشوء فجوة بين الشعب والحكام، مما يؤدي الى إضعاف الدولة.

انصياع المتولين للسلطة ووهن الموقف العربي

لا تقوم علاقات تحالف بين دول ضعيفة ودول كبرى. مفهوم التحالف يتضمن تصور دولتين، مثلا، لوجود قدر من التكافؤ بينهما. ولا تتصور دولة غربية كبرى ولا أية دولة ضعيفة وجود تكافؤ بينهما. العلاقات بينهما علاقات دول متبوعة ودول تابعة.

في علاقات التبعية ينتفي الاستقلال وتفعيل الإرادة والكرامة، لأن للدولة المتبوعة الكلمة العليا واليد الطولى القوية الإملائية ولأن مفهوم التبعية يرفض مفاهيم الاستقلال والإرادة والكرامة والتكافؤ والتساوي.

ومن المعروف أن كثيرا من الحكام في البلدان النامية خاضعون أو منصاعون لحكومات غربية. وثمة أسباب لخضوع أو انصياع هؤلاء الحكام لتلك الحكومات، ومن هذه الأسباب ضعف الدول النامية، حكاما وشعوبا، إزاء الدول الغربية القوية.

ولقد تعزز إلى حد كبير تدخل الجهات الغربية الفاعلة في الشؤون الاقتصادية الداخلية للبلدان النامية في مختلف المجالات: الاستخبارات والاقتصاد وشراء العقارات والسياسة . وفي بلدان نامية تعاون الحكام مع تلك الجهات وأتاحوا أنفسهم لتقديم الخدمة لها وتنفيذ سياساتها والانصياع لها ولسياساتها وإملاءاتها.

وأحد أسباب لجوء الحكام إلى المساعدة من الجهات الأجنبية مقابل تيسيرهم لتدخل تلك الجهات في شؤون بلدانهم هو رغبتهم في مواصلة التربع على كراسيهم. والجهات الغربية معنية طبعا بإدامة تجزئة الدول والعمل على بقائها وزيادة هذه التجزئة عمقا. ومما يسهم في زيادة اعتماد الحكام على الجهات الأجنبية وزيادة اللجوء إليها هو نفور الشعب واستياؤه من الحكام بسبب سياساتهم غير المراعية لمصلحته.

ومن هذه الأسباب أيضا غياب الدعم الشعبي للحكام. ومرد غياب ذلك الدعم هو عدم التجاوب بين الحكام وأفراد الشعب، وأيضا بسبب الفجوة الواسعة القائمة بين توقعات الشعب الفقير البائس المعذب من الحكام وسلوك الحكام إزاء الشعب أفرادا وجماعات.

والسبب الآخر للانصياع هو عقدة النقص المتفشية لدى قسم من الحكام ومن أفراد الشعب إزاء الغربي، والشعور بالتدني حياله والانبهار به والوقوع في أسر الجوانب البراقة الزائفة وغير المشرقة من أسلوب حياته. بهذا البيان لا نعني أن جميع تلك الجوانب زائفة وغير مشرقة. أسلوب الحياة ذلك يشمل جوانب مشرقة وجوانب غير مشرقة. بيد أن كثيرا من غير الغربيين ينبهرون بأسلوب الحياة ذلك دون التمييز بين طبيعة تلك الجوانب ودون القرار باتخاذ الجوانب السليمة المشرقة. والسبب الآخر، المرتبط بالسبب السالف الذكر، هو أن كثيرا من الحكام والمسؤولين وأفراد الشعب يؤخذون بالمجاملات الكاذبة وهم يعيشون في ظل حالة انعدام استراتيجية وطنية أو قومية للتصدي لآثار العوامل الخارجية حيال الدول النامية. لم يتخلص قسم كبير من العرب بعد من آفة المجاملات الكاذبة، ولم يخلص ذلك القسم نفسَه من أثر تلك المجاملات في موقفه وسلوكه، ولم يتخلص من عادة القبول بسهولة بالتوجيه، ولم تتعزز في فكره فكرة أن يرفض إذا تيقن من أن فكره يتطلب أن يرفض.

وثمة سبب آخر وهو انعدام التقاليد الديمقراطية أو تقاليد الشورى السياسية في النظم الداخلية للبلدان النامية، وتركة الاستبداد القوية بممارسة السلطة الحكومية، واحتكار هذه الممارسة، ما يؤدي إلى النفور القوي بين الحكام والمحكومين.

ومن أسباب انصياع الحكام أيضا أنه يغنيهم إلى حد معين عن الحاجة إلى مراعاة الفكر القومي أو الديني أو الوطني العام المؤلف الموحد. وهم أشد ميلا إلى الفكر القُطري إذ بذلك الفكر تسهل على الحكام ممارسة السلطة وتلتقي هنا رغبة الحكام مع رغبة الجهات الأجنبية غير المعنية بالنهوض بالفكر القومي أو التحرري أو الديني.

هذه عوامل تؤثر في تحقيق التنمية. بيد أن هذه العوامل يختلف بعضها عن بعض في مدى إعماله أو تحقيقه. قد تكون الجماهير حقيقة وفعلا مستعدة ولكن الحكام غير جادين أو مترددين أو منافقين. وقد يكون قسم من الحكام جادين ولكن لا يحسنون إدارة الأزمة. وقد يكون للرئيس دور كبير في تنمية بلده ولكن ماضيه القمعي أو تعاونه مع جهات أجنبية تضعف الثقة به. ولا يختلف اثنان مطلعان على عدالة قضية الشعب الفلسطيني، ولكن هل حققت الزعامة السياسية من التماسك والتآزر ما يفي بغرض تحقيق الأهداف الماثلة، ومنها إقامة الدولة الفلسطينية المستقلة ذات السيادة في الضفة الغربية وقطاع غزة. وقد تقبل الزعامة السياسية حلا معينا ولكن لا يساعد قبولها في تحقيق هذا الحل لأن الأوضاع في الميدان، على سبيل المثال الاستيطان اليهودي ومصادرة الأراضي وإقامة شبكة الطرق الرئيسية والالتفافية، تبدو أصعب كثيرا مما كانت عليه لو قبلت الزعامة بذلك الحل قبل حدوث تلك التغيرات.

وإذا افترضنا أن الحكام يرغبون في إيجاد مصدر سند لاستقلالهم في إجراءاتهم فمراعاة الحكام لمصلحة الشعوب التي يحكمونها من شأنها أن تمنح ثقلا أكبر لأولئكم الحكام إزاء الجهات الأجنبية. الحكام الفطنون هم الذين يجعلون من شعوبهم سندا لهم في سياساتهم الخارجية عن طريق تلبية احتياجات تلك الشعوب وضمان رضائها.

ومن المنغص والمؤلم حقا أن يفتقر حكام إلى الحزم والصرامة في التعامل مع الجهات الأجنبية بينما تراهم كالنسور الجارحة لدى تعاملهم الواحد مع الآخر أو لدى تعاملهم مع شعوبهم.

وأحد العوامل المسهمة في تحقيق هدف من الأهداف هو الوعي الدقيق. المثال على ذلك مفهوم الدولة. فبينما يتكلم متكلمون، ومنهم فلسطينيون، عن إقامة دولة فلسطينية، لا يبدو أن المحللين التفتوا التفاتا وافيا بالغرض إلى المفاهيم والتفاسير والتعريفات لمصطلح "الدولة".

وأعتقد أنه يتوفر حيز ما لحرية الحركة السياسية لدى الحكام دون أن يغضبوا الجهات الغربية، إذا تحركوا في إطار هذا الحيز. ويبدو أن كثيرا من الحكام لا يمارسون حرية الحركة في هذا الحيز إما نتيجة عن سوء تصورهم لرد الفعل الغربي أو مغالاة في الحذر من إغضاب تلك الجهات أو بسبب جهلهم بوجود ذلك الحيز أو لأنهم اعتادوا على عدم القيام بالحركة السياسية أو على عدم إطلاق مبادرات تستند إلى ممارسة حرية الحركة السياسية أو بسبب مزيج من هذه الأسباب، أو لأسباب أخرى قد تكون خفية. ومعرفة الجهات الغربية لعدم ممارسة الحكام لذلك الحيز من حرية الحركة، أو معرفة تلك الجهات بأن الحكام يلبون ويراعون دائما الرغبات الغربية، تغري تلك الجهات بالتصرف، ضاربة عرض الحائط بذلك الحيز، ما يعني مزيدا من إضعاف سيادة الدولة التي يحكمها هؤلاء الحكام.

ولدى الحكام رغبة قوية جدا في ممارسة السلطة واحتكارها وإطالة مدتها وإقصاء غيرهم من الذين يريدون أن يشاركوا في هذه الممارسة. وكلما ازدادت الفجوة بين الحكام والمحكومين اتساعا وازداد النفور بين الطرفين تعززا ازدادت حاجة الحكام إلى المساعدة السياسية والعسكرية الأجنبية وازدادت الجهات الغربية طمعا بالتدخل وازداد تدخلها سهولة، وازداد الحكام تهيؤا للمسايرة والانصياع وتطويع سلوكهم لمقتضيات سياسات الجهات الأجنبية.

وهذه الاتجاهات تضعف لدى الحكام الحس بالمسؤولية أمام الله والضمير والشعب لأنه ينشأ لديهم الميل إلى الاستعداد لحدوث هذا الضعف.

وفي عدد من الدول النامية الهامة والأقل أهمية للجهات السياسية الغربية دور قوي في تحديد هوية الحكام. وفي القيام بهذا الدور تراعي تلك الجهات سياساتها التي هي نتاج التفاعلات السياسية والعقائدية والاقتصادية الداخلية ونتاج التصورات الصحيحة وغير الصحيحة من جانب تلك الجهات للواقع الدولي ونتاج المصالح الاستراتيجية والاقتصادية والسياسية الحقيقية والمتصورة لتلك الجهات. وعند الاصطدام بين إرادات الجهات الغربية واعتبارات النزعة إلى الاستقلال والسيادة واعتبارات تأكيد الذات الفردية والجماعية القومية والكرامة واستلهام تاريخ الشعوب النامية وحضارتها وتراثها وأجدادها تكون الكفة المرجحة لتلك الجهات الغربية، وذلك لكون أولئكم الحكام تابعين لتلك الجهات.

وثمة أسباب لضعف شرعية بعض الحكام في المنطقة. وأحد هذه الأسباب هو تبعية الحكام للجهات الغربية، ما يعني إهمال رغبات المحكومين في حالة التناقض أو الاختلاف بين تلك الرغبات والتبعية التي تتيح للحاكم مراعاة تلك الرغبات.

ولا يمكن تحقيق التنمية الاقتصادية والثقافية والسياسية التي تتطلبها الظروف المحلية الموضوعية إلا بتمتع الشعب والدولة بالقدر الأكبر الممكن من الاستقلال السياسي والاقتصادي، إذ بذلك الاستقلال يمكن ليدي الدولة والشعب أن تكونا طليقتين في السعي إلى تحقيق تلك التنمية. بيد أن البيئة الاقتصادية والسياسية الخارجية لها متطلباتها التي لها تداعيات على عملية التطوير السياسي والاقتصادي الداخلي.

هنا تكمن علاقة جدلية بين متطلبات التنمية الداخلية ومتطلبات وتداعيات القوة الخارجية. للذين يريدون التنمية الداخلية أن يحذروا، وهم يحاولون تحقيق تلك التنمية، من أن تؤدي هذه المحاولة الداخلية بالقوى الخارجية إلى إفشال تلك المحاولة والقضاء عليها. ويتمثل الحذر في صور منها ألا تكون تلك المحاولة على نحو يجعل القوى الخارجية تنقض انقضاضا على محاولات التنمية الداخلية فتفشلها أو تعرقل تحقيقها.

وليس من الصحيح محاولة تحقيق التنمية الداخلية بينما يختلف مدى مراعاة الجهات الفاعلة الداخلية للعوامل المسهمة في إنجاح أو إفشال تلك المحاولة. من هذه العوامل مدى استعداد الجماهير الفعلي والعملي للتضحية ومدى قرن الجهات الفاعلة الداخلية كلمتها بالعمل، ومدى ثقة الجمهور بالحكام ومدى جدارتهم بها، ومدى استعداد وتأهب جهات أجنبية للانقضاض على تلك المحاولة.

الاحتقان الاجتماعي في البلدان النامية
وتحكّم جهات غربية بآليات السوق

لا يمكن تناول أية مسألة بدون معرفة سياقها الثقافي والاجتماعي والتاريخي على المستويين المحلي والعالمي. منذ عقود كثيرة تتسم سياسات جهات فاعلة غربية مالية وسياسية مسيطرة بسمة التطرف. والجهة الفاعلة يمكن أن تكون حكومة أو دولة أو شركة. وأحد تعاريف التطرف الأكثر تداولا هو الادعاء بامتلاك الحقيقة المطلقة ومحاولة فرضها على شعوب وبلدان أخرى بدون مراعاة للظروف التاريخية والموضوعية والثقافية فيما يتعلق بالمدعين بامتلاك الحقيقة وبتلك الشعوب والبلدان. وتجلى هذا التطرف في مختلف المجالات: نفي أو تدمير تلك الجهات الفاعلة لديانات وثقافات أخرى ونماذج مختلفة للتنمية، وادعاء تلك الجهات بأنها تمتلك نموذج التنمية الوحيد الصحيح وبأنها تمتلك الثقافة الوحيدة الصحيحة.

ولعل من الغني عن البيان أن تلك الادعاءات كلام هراء. ولا أعتزم التوسع في بيان سخف هذه الادعاءات. بيد أنني أود تقديم مثال واحد على هذا السخف. لو كانت ثقافة تلك الجهات سليمة لما بددت مئات التريليونات من الدولارات على سباق التسلح المحموم بينما كان قسم كبير من سكانها وما يزال يعاني من الحاجة والعوز. ولو كانت تلك الثقافة سليمة لتوفر قادتها على حل الصراعات الكثيرة في العالم التي تستنزف ثروات كل من الشعوب المتقدمة النمو في شمال الكرة الأرضية والشعوب النامية في جنوبها. إن قسما من الجهات الغربية المؤجج الرئيسي لكثير من تلك الصراعات.

وتقوم أسباب للشعور بخيبة الأمل أو الإحباط أو الحزن أو اليأس لدى كثيرين من سكان البلدان النامية، وعلى وجه الخصوص الشباب، في آسيا وأفريقيا وأمريكا اللاتينية. والسبب الرئيسي لهذا الشعور هو غلبة النموذج الغربي لتنظيم السوق ورأس المال على الصعيد العالمي. يستلهم هذا النموذج رؤى ومصالح الجهات الفاعلة، وهي رؤى ومصالح تتنافى في الواقع مع رؤى ومصالح الشعوب النامية التي تحددها رؤاها الثقافية والعقيدية والفلسفية والتاريخية والاقتصادية.

ويتفشى الفقر في صفوف الشعوب النامية. وأحد الأسباب الرئيسية للفقر قيام جهات فاعلة غربية بنهب ثروات وخيرات البلدان النامية الفقيرة والضعيفة والخاضعة للحكم الأجنبي طيلة عقود كثيرة، وتسخير اقتصادات تلك البلدان لخدمة الجهات الفاعلة الغربية على نحو يصعب التخلص منه حتى بعد ما يبدو أن البلدان النامية حققت الاستقلال السياسي، ونشوء طبقة متميزة من المتعاونين المحليين تنشئ نظما للسلطة الحكومية وغير الحكومية متعاونة مع الجهات الفاعلة الغربية في كثير من البلدان النامية، ويقوم المتولون للسلطات بمد الجهات الغربية بالمواد الخام الزهيدة الأسعار وبالمشاركة في تنفيذ سياسات تلك الجهات في البلدان النامية لقاء فوائد سياسية ومالية واقتصادية، من قبيل دعم الجهات الغربية لأصحاب السلطة المحلية والرواتب العالية وبعض الامتيازات الاقتصادية، على حساب سائر أفراد الشعب المعاني والمخضَع.

وتهيمن الجهات الفاعلة الغربية على الشعوب النامية ومقدراتها وتقوم بقمع حريات تلك الشعوب، وما برحت هذه الجهات تبرر هذه الهيمنة والقمع بمختلف المبررات، منها اعتماد فلسفة البقاء للأصلح والأقوى ونشر رسالة الرجل الأبيض وحمل الأبيض لعبء نشر الثقافة

الغربية. وهذه المبررات كاذبة ومرفوضة أو غير أخلاقية أو غير سليمة. من غير الأخلاقي اعتماد فكر البقاء للأصلح. في هذه المقولة ينطوي الأخذ بنظام الغاب الوحشي الدموي. وليس من حق المنادين بنشر الثقافة الغربية محاولة نشرها في صفوف الشعوب التي لم تطلب منهم "التفضل" بهذا النشر. وكانت دعوات نشر الثقافة الغربية قناعا للسيطرة على الشعوب النامية ونهب مواردها الطبيعية واستغلال اليد العاملة الزهيدة التكلفة فيها.

وكانت سياسات الهيمنة هذه وما فتئت أحد العوامل الرئيسية في تقويض أو إضعاف ثقافات الشعوب النامية والأصلية، وفي إبطاء أو عرقلة مسيرة التنمية الاجتماعية المنتظمة في تلك البلدان وفي تكبيل اقتصادات تلك البلدان بالأنظمة المالية الدولية التي تستلهم المصالح المالية والاستراتيجية الغربية. وفي محاولات السيطرة على الشعوب النامية ذُبح الكثيرون وطورد ونفي الكثيرون وأُفقروا وشُردوا وجردوا من ممتلكاتهم. وأدى ذلك وما انفك يؤدي إلى تفشي الأمراض والأوبئة التي فتكت بالملايين في بعض مناطق العالم، مثل أفريقيا جنوب الصحراء الكبرى.

بهذه السياسات من جانب جهات فاعلة غربية يضيق الخناق على شعوب برمتها، ما يدفع أفرادا كثيرين منها إلى الاغتراب والإحباط والانحراف واليأس والانتحار أحيانا. وقد أدت هذه السياسات إلى ردود فعل تمثلت في نشوء حركات قومية وعقدية وفي نشوء الغيرة على الهوية الثقافية والدينية.

وفي هذا السياق ينبغي القول إن البلدان النامية في المجال الاقتصادي لا تعني دولا متخلفة في التطور التاريخي. "البلد النامي" من الناحية الاقتصادية قد يعني تبعية للنظام الاقتصادي الغربي تعيق فرص التنمية الذاتية وتكرس الاقتصاد المحلي لخدمة الاقتصاد الأقوى. بيد أن هذه البلدان حققت النمو في مجالات أخرى، وابتكرت شعوبها على مر القرون ثقافات وحضارات جميلة وإنسانية ومتطورة.

وعلى الساحة العالمية تحدد الجهات الغربية آليات التحكم المالي خدمة لمصالحها المالية والاستراتيجية. ومن آليات التحكم هذه البنك الدولي وصندوق النقد الدولي وواجب مراعاة حقوق الملكية الفكرية والشروط الواردة في اتفاقات أو عقود ما تسمى بالقروض المقدمة من المؤسسات المالية الغربية إلى البلدان النامية. يفضي إعمال هذه الآليات إلى قلة الصادرات من البلدان النامية إلى البلدان الغربية بالمقارنة بحجم الصادرات من البلدان الغربية إلى البلدان الأولى، وإلى زيادة الصادرات بالاتجاه المعاكس، وإلى حقيقة أن أسعار صادرات البلدان النامية إلى البلدان المتقدمة النمو أقل كثيرا بالأرقام النسبية والمطلقة من أسعار الصادرات من البلدان المتقدمة النمو إلى البلدان النامية، وإلى نشوء عجز كبير في ميزانيات البلدان النامية. ويؤدي ذلك كله إلى استفحال البطالة وتدني الدخل وتفشي البطالة.

وإلى عدد كبير من البلدان النامية تقدم من هذه المؤسسات قروض تمس حاجة البلدان النامية الفقيرة إليها لتحقيق التنمية. وتمنح هذه القروض بشروط مالية واجتماعية وسياسية وتكيفية قاسية لا تراعي الظروف الاقتصادية والاجتماعية داخل تلك البلدان التي لا تستطيع أن تتحملها ماليا واجتماعيا، ويتدخل الوفاء بهذه الشروط في البنية السياسية والاقتصادية للبلدان المستلفة. ويطلق على هذه الشروط إسم برامج الإصلاح البنيوي أو الهيكلي. وفي أغلب الأحيان تتكون هذه البرامج من العناصر التالية: قيام البلدان بالتكيف البنيوي الاجتماعي والسياسي والاقتصادي من قبيل زيادة الضرائب على السكان في البلدان النامية والتحول من القطاع العام إلى القطاع الخاص بما يتفق مع الرؤية الاقتصادية للجهات الغربية، وتقليل أو إلغاء المعونة

الحكومية المقدمة إلى السكان من ذوي الدخل المنخفض في مجالات المواد الغذائية والإسكان والتعليم والصحة، ما يسمى ترشيد الإدارة الحكومية المالية، في البلدان النامية، وإلغاء أو إضعاف آليات التحكم بالأسعار في هذه البلدان، ما يؤدي إلى زيادة ضنك هؤلاء البشر الضيقي ذات اليد، وزيادة معدلات الفائدة على القروض والتكلفة الباهظة لخدمتها. وتعادل هذه الفوائد والتكلفة في حالات كثيرة أصل الدين أو تزيد عن ذلك الأصل. وتعادل هذه الفوائد والتكلفة أحيانا أسعار الصادرات من البلدان النامية أو تتجاوزها. تضعف هذه الممارسات القطاع العام وتعزز القطاع الخاص وتزيد من نفوذ الشركات الرأسمالية المحلية والأجنبية وتجعل الأموال الصافية المنقولة من البلدان النامية إلى البلدان المتقدمة النمو أكثر من الأموال المنقولة من البلدان المتقدمة النمو إلى البلدان النامية، دون المراعاة الكافية للظروف المعيشية العسيرة التي ترزح تحتها الطبقات الفقيرة. وهذه الشروط المالية وغيرها، التي ترد في اتفاقات ما يسمى القروض من تلك المؤسسات، هي أيضا في الواقع آليات للسيطرة المالية والسياسية على البلدان النامية. وتفضي هذه الشروط إلى زيادة حدة اختلال ميزان مدفوعات تلك البلدان وتفشي البطالة والفقر.

وعن طريق إصرار الجهات الفاعلة الغربية على مراعاة حقوق الملكية تقل إمكانية استفادة البلدان النامية من التكنولوجيات، ويزداد العبء المالي الواقع على تلك البلدان.

ويؤدي التحكم بآليات السوق إلى التدهور المستمر في التبادل التجاري بين البلدان النامية والبلدان المتقدمة النمو المتخمة – رغم حالات التفاوت فيما بينها وداخل كل بلد على حدة – بما أخذته ونهبته، وأيضا إلى ارتفاع أسعار المنتجات المنتجة في الغرب والمواد المنتجة والخام في البلدان النامية. في سنة 1964 كان يمكن لشخص من جامايكا في منطقة البحر الكاريبي أن يشتري جرارا أمريكيا مقابل 68 طنا من السكر، وفي سنوات لاحقة كان يلزمه 3500 طن من السكر لشراء الجرار.

وبتحكم الجهات الفاعلة الغربية بآليات السوق تصبح المنافسة الحَكَم الوحيد على الساحة العالمية، ما يؤدي إلى سحق الدول والشعوب الضعيفة ماليا وتنظيميا وتكنولوجيا وإلى مزيد من فقرها. وما "الليبرالية" و"الليبرالية التجارية" واقتصاد "السوق الحرة" أو "حرية السوق" سوى عبارات مخففة اللهجة عن غلبة نظام الغاب على الصعيد الدولي.

وعن طريق زيادة المؤسسات المقرِضة للفائدة على القروض التي تحصل عليها البلدان النامية وزيادة تكلفة خدمتها تخفض الجهات المالية الغربية معدل التضخم النقدي في البلدان الغربية، ولكنها لا تستطيع القضاء على ذلك التضخم. ويجري تخفيض سعر صرف العملة في بعض البلدان الرأسمالية. وبهذا التخفيض يقصد تقليل الواردات إليها وزيادة الصادرات منها، ما يحد إلى درجة كبيرة من حجم صادرات البلدان النامية، مؤديا، بالتالي، إلى كساد بعض منتجاتها أو انخفاض أسعارها.

إن ارتفاع الأسعار وتفاقم البطالة وتفشي الفقر والزيادة في عجز الميزانيات الحكومية، وازدياد المديونية وانتشار سوء التغذية والجوع في البلدان النامية تؤدي إلى جعل التنمية في كثير من تلك البلدان مستحيلة عمليا. كثير من هذه البلدان بالتالي ليست نامية، ولكنها خاضعة لكارثة اقتصادية متزايدة الوطأة، ما يفضي إلى الاستياء والإحباط، خصوصا لدى الشباب، والاحتقان والغضب.

وبإمساك بلدان غربية بآليات التحكم هذه جرى الإدماج السلبي للبلدان النامية في النظام الراسمالي العالمي، ومن مظاهر هذا الإدماج ضمان سيطرة رأس المال الأجنبي على

اقتصادات البلدان النامية الضعيفة. وبهذه السيطرة، القوية الأثر، تصبح هذه الاقتصادات تابعة لاقتصادات البلدان المتقدمة النمو. ومن دلائل هذه التبعية حاجة البلدان النامية الدائمة والماسة إلى المساعدة الإنمائية الأجنبية، وربط العملة الوطنية بعملة من عملات الدول المتقدمة النمو مثل الدولار، ما يجعل قيمة العملة الوطنية متوقفة على قيمة العملة الأجنبية. وفي حالات كثيرة، كما هو حاصل الآن، تنخفض قيمة العملات الأجنبية، نتيجة عن سياسات مالية واقتصادية غير رشيدة وسياسات خارجية وعسكرية، انخفاضا كبيرا.

وتتبع الهيئات المتولية للسلطة الحكومية في عدد كبير من البلدان النامية، ومنها طبعا بلدان عربية وإسلامية، سياسات في مجال التعليم لا تعين على الاستفادة الكبيرة، إن لم تكن الكاملة، من العلوم الاجتماعية والطبيعية والتكنولوجية التي طورت في البلدان المتقدمة النمو. وما فتئت تلك الهيئات تتبع سياسات وتمارس ممارسات، بدافع الحفاظ على تولي السلطة، تفضي إلى إضعاف الحس بالمسؤولية حيال الشعب والأمة، ما أدى ويؤدي إلى دوام الحالة الاقتصادية والمالية المزرية.

غلبة السوق وغلبة المنافسة والإفراط في المادية والغلو في الاستهلاك والتمجيد للمال وتحكم الجهات الغربية بآليات التحكم بالسوق واقتصادات البلدان النامية هي مكونات الحالة الراهنة. على هذه الحالة برمتها نشأت ردة فعل ترفض نمط الغرب في التنمية وفلسفته هذه في الحياة. وتتمثل ردة الفعل هذه في الحركات الاجتماعية في صفوف الفلاحين والعمال في الريف والمدينة والمثقفين وغير المثقفين. هذه الحركات لا يتملكها الميل إلى الإفراط في المادية والغلو في الاستهلاك والانبهار بالمال وهي تنتصر لمعاني العدالة الاجتماعية وحقوق البشر عموما والإنصاف وكرامة الإنسان وتدعو إلى إعادة وتعزيز الأبعاد الإنسانية للوجود البشري.

ومما من شأنه أن يحقق هذه الأهداف تشجيع القطاعين العام والخاص في البلدان النامية على تهيئة المناخ المواتي لإيجاد فرص العمالة والحد من التضخم النقدي وتشجيع المشاريع التجارية المحلية والصغيرة وزيادة حجم صادرات هذه البلدان والحد من أسعار المنتجات الغربية وغيرها من الإجراءات. بيد أن من غير الممكن تحقيق الإجراءات المذكورة أعلاه دون موافقة أو دعم من جهات رأسمالية غربية. وليس من المحتمل أن توافق تلك الجهات على ذلك نظرا إلى أن المؤسسات والأنظمة التي ترمي تلك الإجراءات إلى تغيير قسم منها أو تعديلها هي تلك الأنظمة والمؤسسات التي عززت النظام الرأسمالي، والتي ضمنت سيطرة تلك الجهات بآليات التحكم المالي العالمي، وغلبة السوق.

ومما من شأنه أن يسهل اتخاذ هذه الإجراءات إضفاء الطابع الديمقراطي على الحياة السياسية والاجتماعية في البلدان النامية. ويمكن أن تكون عملية الإضفاء تدريجية. وليس من السهل إضفاء هذا الطابع لأن من يتولون السلطة السياسية المحلية ليسوا على استعداد للتخلي عن هذه السلطة. وحتى تبدأ عملية إضفاء الطابع الديمقراطي من اللازم أن توفر بيئة داخلية وخارجية مواتية. ولا تتوفر بيئة داخلية مواتية ولا بيئة خارجية مواتية لذلك. فعلى الساحة الداخلية، الشرطة والجيش والحكومة والنظام الإداري وجهات النفوذ الاقتصادي والمالي في البلدان غير الديمقراطية يسيطر عليها الذين يتولون السلطة أو الذين يؤيدونها.

وعلى الساحة الخارجية، من مصلحة الجهات الفاعلة الغربية – على الأقل يبدو أن هذا هو تصور تلك الجهات – أن تبقى بلدان العالم الثالث غير ديمقراطية. ويعتور النظام السياسي في البلدان الغربية عيب قوي يتمثل في ظواهر منها الجهل بظروف حياة شعوب العالم النامي، والظاهرة الأهم هي التأثير الساحق الذي تمارسه وسائط الإعلام الغربية المنحازة

لبعض القضايا والدول والمذاهب. تسيطر هذه الوسائط على صوغ الرأي العام وتوجهه الوجهة التي تريدها. لا تضع هذه الوسائط في أغلبيتها أمام الناس إلا البدائل أو الطروح أو التصورات التي تريد تلك الوسائط وضعها، مستلهمة وموجهة من قبل الجهات الفاعلة ذات النفوذ الضخم جدا. ووسائط الإعلام هذه، بانحيازها وتحيزها وسيطرتها وقوتها، عطلت النظام الديمقراطي أو أضعفته في بلدان غربية، وبذلك تجرد الناس من ممارسة حقوقهم في اكتساب المعرفة وفي الإدلاء بالصوت في جو من الحرية أفسح.

وفي هذه الحالة القائمة يأتمر كثير من الحكام في البلدان النامية بأمر الجهات الغربية أو ينفذون سياساتها أو يراعون مصالحها لأنهم يتصورون خطأ أن مصيرهم السياسي مرتبط برضاء تلك الجهات.

مصالح البلدان المتقدمة النمو وتردي حالة البلدان النامية

يسوء توزيع الدخول في العالم بين البلدان النامية والبلدان المتقدمة النمو وداخل كل من البلدان النامية والبلدان المتقدمة النمو. تحصل البلدان المتقدمة النمو على الأغلبية الساحقة من هذا الدخل. وتزداد الهوة بين بلدان الشمال وبلدان الجنوب اتساعا. إن متوسط دخل الفرد في البلدان النامية يقل كثيرا عن متوسط دخل الفرد في البلدان المتقدمة النمو. ونسبة الذين يعانون من البطالة أو البطالة المقنعة أو العمالة الجزئية في البلدان النامية أعلى كثيرا من نسبتهم في البلدان المتقدمة النمو. ونسبة الأطباء والأَسِرَّة في المستشفيات إلى السكان في البلدان النامية أقل كثيرا من نسبتهم في البلدان المتقدمة النمو. وهناك مؤشرات أخرى كثيرة على التباين الهائل في الظروف المعيشية بين مجموعتي البلدان.

لقد شوه تباين جلي ولا يزال يشوه الواقع العالمي: تزايدت الوفرة في الموارد المادية والفكرية، وكان من الممكن أن تفضي تلك الوفرة إلى تحقيق فرص وتوقعات أكثر. هذا من ناحية. ومن ناحية أخرى لم تُعبَّأ الإرادة السياسية الكافية اللازمة لترجمة هذه الإمكانيات إلى واقع التقدم والتنمية الذي تتشاطره جميع البلدان والشعوب.

واقتصادات الأغلبية العظمى من البلدان النامية – ومنها عدد كبير من البلدان العربية – اقتصادات لا يؤدي الإنتاج فيها دورا رئيسيا. إنها اقتصادات يؤدي الاستهلاك فيها دورا كبيرا. من الصحيح القول إن اقتصادات البلدان المتقدمة النمو استهلاكية جدا، بيد أن للإنتاج في اقتصادات تلك البلدان دور أكبر بكثير من دوره في اقتصادات البلدان النامية.

والاقتصاد القائم في عدد من البلدان النامية هو الاقتصاد الريعي الذي يستند إلى بيع سلعة طبيعية واحدة في أغلب الحالات.

وفي عدد كبير من البلدان النامية تقوم أسباب تحول دون نشوء وتطور الاقتصاد الإنتاجي أو تضعفه إذا كان قائما. ومن هذه الأسباب استشراء الفساد المالي والسياسي وتشبث الحكام بمواصلة ممارسة السلطة وقتا طويلا وسوء الإدارة والبيروقراطية وعدم التمييز، أو عدم التمييز الكافي، بين وظائف الحاكم الرسمية ووظائفه غير الرسمية وانعدام المفهوم الحديث للدولة بوصفها دولة جميع مواطنيها وغلبة مفهوم الرعية وليس مفهوم المواطنة والقمع السياسي والاجتماعي واستعمال الحكام الدولة أداة للنهوض بمصالحهم ولتحقيق تصوراتهم وسياساتهم. ومن جوانب سوء الإدارة النقص في التخطيط ووجود قدر كبير من الارتجالية في اتخاذ القرار وفي عملية تنفيذ القرارات وفي القيام بالاختيار، والافتقار إلى تحديد سلم للأولويات. ومن هذه الأسباب أيضا عدم إيلاء ما يكفي من الاهتمام للنهوض بالاقتصاد وبالتنمية الزراعية والصناعية والتكنولوجية ولتنظيم طاقات المجتمع والدولة صوب هذا النهوض. ولا توجد هذه الأسباب كلها في كل بلد من البلدان، فقد يوجد مزيج من هذه الأسباب في بلد ومزيج آخر منها في بلد آخر.

ويهدر الشطر الأعظم من ميزانيات عدد كبير من البلدان النامية على المنتجات المستوردة التي للكثير منها أسعار عالية والتي تغرق الأسواق بما يحتاجه السكان وبما لا يحتاجونه، وعلى الأسلحة بكميات هائلة وعلى قطع غيارها وصيانتها، وعلى توظيف الموظفين في الإدارات الحكومية التي لا تستلزم وظائف تلك الإدارات العدد الكبير من أولئك الموظفين.

توظيف الموظفين في الإدارات الحكومية دون قيام الحاجة إلى قسم كبير من هؤلاء الموظفين نوع من البطالة المقنعة.

وليس في قدرة البلدان النامية أن تتحمل اقتصاديا الآثار السلبية المترتبة في اقتصاداتها على ارتفاع أسعار المنتجات المستوردة، وهي الأسعار التي تقوم البلدان المصدرة لتلك المنتجات بتحديدها بما يتفق مع مصالحها الاقتصادية كما تراها الجهات الصانعة للقرار السياسي والاقتصادي داخل البلدان المصدِّرة.

ويودع قسم لا يستهان به من دخول بعض البلدان النامية في المصارف الواقعة خارج تلك البلدان وفي أسواق البورصة العالمية، مما يحرم شعوب تلك البلدان من الاستفادة من تلك الأموال عن طريق استثمارها في المشاريع الانمائية من قبيل إقامة البنية الأساسية من الطرق وسكك الحديد ومحطات توليد الطاقة.

إن إعادة تنشيط النمو الاقتصادي وتحقيق التنمية في البلدان النامية يتطلبان مشاركة كفؤة من هذه البلدان ومن البلدان المتقدمة النمو. في تحقيق هذين الهدفين تقع المسؤولية على كاهل هذه البلدان والبلدان المتقدمة النمو أيضا. من ناحية واحدة فإن البلدان النامية هي في نهاية المطاف المسؤولة عن تنميتها الذاتية. ينبغي لهذه البلدان، نظرا إلى أنها البلدان المعنية، كبح نزعة التضخم النقدي في اقتصاداتها والعمل من أجل تعزيز كفاءة مؤسساتها المحلية في جميع القطاعات ورفع مستويات الإدارة وزيادة قدرتها التنافسية الدولية وكفالة التشجيع النشط لعمليات الادخار المحلي ووضع سياسات وطنية سليمة وإيجاد الظروف المؤاتية للاستثمار المحلي والأجنبي والعمل من أجل تحقيق أقصى قدر من الاستفادة والتوظيف السليمين للموارد والثروات الوطنية والمساعدات الخارجية لخدمة التنمية وأحوال شعوبها. ولا يمكن لأية إجراءات خارجية أن تكون بديلة من هذه السياسات والإجراءات. وتسلِّم البلدان النامية بمسؤوليتها الأساسية عن النمو والتنمية، والتوسع في اقتصاداتها وتحديثها، والتزمت بتهيئة ظروف محلية مؤاتية للاستثمار وتكوين رأس المال.

ومن ناحية أخرى، من منطلق التكافل الاقتصادي العالمي، الذي تدعو البلدان النامية إليه، يجب توفير بيئة اقتصادية دولية مؤاتية لتحقيق ذلك. إن التكافل الاقتصادي الدولي يتضمن التعاون الاقتصادي الدولي. ومن شأن إنشاء هذه البيئة أن يعني الإسهام في إزالة الاختلالات البنيوية الاقتصادية القائمة بين البلدان النامية والمتقدمة النمو ودعم الاستقرار الاقتصادي والاجتماعي. ولتحقيق إقامة هذه البيئة ينبغي أن تضع معا بدافع الإرادة الجادة الهادفة جميع بلدان الشمال وبلدان الجنوب نهجا عالميا تتفق عليه ويتضمن طرائق وآليات تهدف إلى النهوض الفعال الملموس بالتعاون الدولي، وعلى وجه الخصوص التعاون الاقتصادي الدولي. وينبغي لهذا النهج أن يكون شاملا وعالمي المنطلق والنطاق وأن يكون في نفس الوقت واقعيا ومضبوط المعالم وأن يتسم بقدر من المرونة حتى يأخذ في الحسبان مصالح جميع القارات والمناطق والبلدان التي لها خصائصها وظروفها الاقتصادية والاجتماعية والسياسية الخاصة بها. ومن المنطقي والطبيعي أن يكون هذا النهج معنيا بمواجهة التحديات والأزمات الاقتصادية التي تواجه فئتي بلدان الشمال والجنوب كلتيهما. ومن منطلق التكافل من اللازم أن يتوخى هذا النهج تشجيع روح التعاون والحس السليم في الاستفادة من الإمكانات الاقتصادية المتبادلة وحل المشاكل الاقتصادية للبلدان والنهوض بالنمو والتنمية الاقتصادية في العالم أجمع. ولا يمكن أن يتحقق هذا التعاون والتكافل إلا عن طريق وضع ذلك النهج.

وترى البلدان النامية وأيضا بعض البلدان المتقدمة النمو أنه تقع مسؤولية أخلاقية على البلدان المتقدمة النمو ترتب عليها واجبا تجاه البلدان النامية في السعي من أجل التخلص من المشاكل الاقتصادية الخطيرة التي تعاني البلدان النامية منها. وهذه البلدان النامية والمتقدمة النمو محقة في رؤيتها هذه بالنظر الى المصالح المتبادلة ووحدة الانتماء البشري.

وثمة بون كبير بين رؤية وجود مسؤولية أخلاقية والالتزام العملي الحقيقي بالقيام بالإجراءات اللازمة لتخليص البلدان النامية من تلك المشاكل. وفيما يتعلق بمدى الالتزام الفعلي من جانب البلدان المتقدمة النمو التي ترى وجود تلك المسؤولية الاخلاقية تقع هذه البلدان على نقاط على خط متواصل أحد طرفيه التزام لا يستحق الذكر وطرفه الآخر الالتزام الأقصى.

وبغية اقامة البيئة الاقتصادية الدولية المواتية من الضروري أن تُتخذ إجراءات التكيف الهيكلي (البنيوي) الاقتصادي. وفي هذا المجال نفسه، مجال التكيف البنيوي الاقتصادي، يقوم اختلال بنيوي بين البلدان النامية والبلدان المتقدمة النمو. بهدف إيقاف التراجع الاقتصادي أو تهيئة ظروف أفضل للانتعاش الاقتصادي أو تحقيق مزيد من النمو والتنمية الاقتصادية في البلدان النامية والوفاء بشروط الحكومات والمؤسسات المالية غير الحكومية والدولية المانحة للقروض مثل صندوق النقد الدولي والبنك الدولي وضعت هذه البلدان منذ الثمانينيات ونفذت برامج التكيف البنيوي الاقتصادي الداخلي.

وشملت هذه البرامج تدابير تقشفية وتكييفية صارمة ومتشددة في حالات غير قليلة منها تكييف أسعار الصرف وإعادة هيكلة بعض المشاريع العامة وتحويلها إلى القطاع الخاص واهتمام أكبر بآليات السوق وخفض العجز في الميزانيات الحكومية وإلغاء الإعانات للمحتاجين.

وكان لتنفيذ تلك البرامج عواقب سلبية. فتقليل الميزانيات الحكومية والموارد المالية المخصصة لقطاعات رئيسية أدى إلى تقليل الخدمات الاجتماعية للسكان في مجالات عديدة من قبيل الصحة والتعليم والتدريب. وأدى إلغاء الإعانات المالية إلى ارتفاع أسعار السلع، مما جعل من الأصعب على عدد أكبر من السكان شراء السلع الضرورية وخصوصا السلع الغذائية. وأسهم ذلك التقليل أيضا في زيادة تفشي البطالة والتضخم النقدي وزيادة اعتماد البلدان النامية على اقتصادات البلدان المتقدمة النمو. ونجمت عن ذلك كله نتائج اجتماعية مدمرة، فقد تردت الظروف المعيشية لأكثر قطاعات السكان ضعفا، وخصوصا الأطفال والمسنين والنساء، وازداد كثيرون من الفقراء فقرا، مما أدى إلى الاضطرابات الاجتماعية في أماكن عديدة.

بيد أن الغرض من هذه البرامج لم يحقق لأسباب من أهمها أن البلدان المتقدمة النمو لم تتخذ بدورها ما كان يتوجب عليها من إجراءات التكيف البنيوي الاقتصادي بما يقابل إجراءات التكيف البنيوي الاقتصادي التي اتخذتها البلدان النامية. وبقيت الاختلالات البنيوية الاقتصادية على الساحة العالمية. وتمثلت هذه الاختلالات في مواصلة بلدان متقدمة النمو لتبني الحمائية التجارية وتحديد أسعار مرتفعة للفائدة على القروض للبلدان النامية وتقلب اسعار الصرف، بكل ما جرّته هذه وتجرّه وراءها من آثار ضارة في اقتصادات الدول النامية. ومن هذه الآثار الحد من صادرات هذه الدول الى الدول المتقدمة النمو وزيادة مبالغ خدمة الديون على الدول النامية وزيادة الموارد المنقولة الى الدول المتقدمة النمو بسبب ارتفاع أسعار السلع الصناعية وأرتفاع أسعار الفائدة على القروض الممنوحة من البلدان المتقدمة النمو للبلدان النامية.

حرية التعبير والتشنج

نظرا إلى الخوف من إبداء الرأي وإلى البيئة الاجتماعية-السياسية القامعة القاهرة فإن الفكر العربي متخلف عن الواقع العربي. وكان الشاغل الأكبر لفكر النهضة العربي مواجهة ما دُعي صدمة الحداثة، وهي الصدمة التي سببها العنصر الغربي الوافد ذو الطبيعة الثنائية المكوَّنة من تقدمه العلمي والتكنولوجي والحضاري والاجتماعي، من ناحية، وسمته الاستعمارية والاستغلالية الشرسة، من ناحية أخرى.

في هذه الحالة من العسير إشاعة الديمقراطية ومن العسير خلو المجتمع من التأزم أو التشنج السياسي والقيمي والاجتماعي والنفسي.

لقد قام عدد من نظم الحكم العربية من أعلى، من فوق، بطرق مختلفة، منها الدعم من الدول الاستعمارية أو انقلابات عسكرية، أو على أسس عشائرية. ويتسم أيضا عدد من نظم الحكم بالسمة التسلطية إلى هذا الحد أو ذاك وأبوية (بطرياركية). وكان لهذا الطابع دور أكبر في تقييد الفكر وتوجيهه الوجهة التي يريدها أصحاب السلطة الحكومية، وأسهم ذلك إسهاما أكبر في عزل الفكر عن واقع البؤس والفقر والجهل والطغيان والظلم على الساحة العربية.

إن للفكر تاريخيته. إن أحد الأسباب الرئيسية للتخلف العربي الذي جر الهزيمة على الساحتين الإقليمية والدولية هو تسلط الفكر اللاتاريخي، أي الفكر غير المراعي لمتطلبات تغير الظروف الاجتماعية والثقافية والسياسية والتكنولوجية. ولن يتم التخلص من هذا التخلف إلا عن طريق الفكر الحر المنطلق المبدع المراعي لتلك الظروف.

ومن جراء الحياة المتأزمة والمتشنجة، وشدة الإحباط منها والشعور لدى كثيرين بالعجز عن التأثير في هذه الحالة غير المُرضية أو عن تغييرها ذاعت في صفوف شرائح من الناس النبرة التهكمية.

وفي التراث ما ينفعنا في حياتنا الحاضرة في المجالات الثقافية والعلمية والقيمية. ويمكننا أن نختار من التراث ما نراه مفيدا ونافعا لنا. ويمكن أن يحدث تفاعل ما بين عناصر من التراث وعناصر من الفكر الجديد والاكتشافات العلمية الجديدة، وأن تكون نتيجة هذا التفاعل أحد الأسس الفكرية لحياتنا.

ومن أسباب التخلف أيضا تحكم البورجوازية العربية المعنية بمصالحها المالية والاقتصادية في المقام الأول وانتشار النزعة الرأسمالية المغالية في بقاع عديدة في العالم العربي.

إن القمع والقهر والتعسف والظلم والطغيان والاستبداد في المجالين السياسي والاقتصادي، والحكم الأجنبي والاستعمار والاستيطان، والفقر، وإخضاع الثقافة العربية الإسلامية للغزو الثقافي الغربي، وظلم المرأة، والتهجم المستمر دون هوادة على التراث العربي الإسلامي، وقيام المتولين للسلطات بالتغيير السياسي السريع أو البطيء أكثر مما ينبغي لموقفهم ومطالبة الأهالي بأن يتكيفوا مع هذه الظروف – كل ذلك وغيره نالا من الوجدان العربي وأثقلا الحمل عليه وخلّفا الإنسان العربي محتارا ومثبطا ومتبرما وغاضبا.

ولبنية الفكر العربي دور أيضا في التخلف العربي. ومن معالم هذه البنية غلبة سلطة اللفظ في بعض الحالات، ونزعة قياس الغائب على الحاضر، والنزعة التقريرية والمبالغة

والحيز الكبير الذي تحتله المجاملة، وعدم مجاراة الفكر للمستجدات الاجتماعية والثقافية، والحيز الكبير الذي يشغله حجب الفكر المنتقد للمتولين للسلطة الرسمية وغير الرسمية.

وثمة عيب آخر في البيانات المكتوبة والشفوية العربية، وهو أنها تتناول وتستعمل مفاهيم على نحو غامض. وكلمة "سياسي" أو "سياسة" مثال طيب على ذلك. تستعمل هذه الكلمة ومشتقاتها دون تحديد المعنى المقصود بهذه الكلمة التي لها معان مختلفة أو متناقضة. هل "السياسي" مَن يسوس قومه لتحقيق أهداف نبيلة أو مَن يستعمل وسائل ــ دون الالتفات إلى خلقيتها ــ لاكتساب القدرة على التأثير بغية تحقيق أهدافه كما يُستعمل هذا المصطلح في الوقت الحاضر في أجزاء من العالم المتقدم النمو والعالم النامي؟

وثمة أيضا خلط ما في قسم من البيانات العربية في استعمال مصطلح "الثقافة" وفي استعمال الكلمات المشتقة من كلمة "الثقافة". قد تعني كلمة "التثقف" الحصول على المعلومات واكتساب المعرفة، وقد تعني "الثقافة" كيفية التعامل مع البشر ومع الأشياء. ويحدث لبس فكري عندما يُعتبَر طرح فكري يفهم الثقافة أنها اكتساب المعرفة جزءا من طرح فكري يفهم الثقافة أنها طريقة التعامل مع الناس ومع الأشياء.

ويقوم انفصام في حياة جميع المجتمعات بين الكلمة والعمل، وبين النظرية والممارسة، وبين المثال والواقع. والمجتمعات كافة يختلف الواحد منها عن الآخر في مدى وحدة هذا الانفصام. وأحد العوامل البالغة الأهمية في هذا الانفصام هو القمع والقهر والاستبداد في مختلف المجالات، ومنها المجالان السياسي والاجتماعي.

وقد صار للاستبداد قيمة في التراث القيمي والسياسي والاجتماعي عند بعض العرب. والدليل على ذلك شيوع القول إن عدم الاستبداد يدل على العجز. ونُسب إلى أحد المتفقهين في الدين جمعه بين الاستبداد والعدل، إذ نُسب إليه القول إنما ينهض بالشرق مستبد عادل: هل يعدم الشرق كله مستبدا من أهله، عادلا في قومه، يتمكن به العدل أن يصنع في خمس عشرة سنة ما لا يصنع العقل وحده في خمسة عشر قرنا.

وفي اعتقادي أن مجتمعاتنا العربية بحاجة إلى الأخذ بالنظام الديمقراطي. ولا يتحقق تطبيق النظام الديمقراطي بين عشية وضحاها. إن ذلك التطبيق يتطلب وقتا ليس قصيرا. ويتوقف مدى النجاح أو الفشل في التطبيق على التنشئة في المدرسة والمجتمع على النطاق الأوسع وعلى المبادئ والقيم الديمقراطية. ومن الأكثر صعوبة تحقيق ذلك في المجتمعات التي تسودها نظم إملائية واستبدادية وحمائلية وطائفية والتي تفتقر منذ مدة طويلة إلى نظام ديمقراطي.

ومما يجعل من العسير على المجتمعات العربية الأخذ بالنظام الديمقراطي تدخل الجهات الفاعلة الأجنبية في شؤون الشعوب في شمال أفريقيا وجنوب غرب آسيا وفي حياتها السياسية والاقتصادية والثقافية، خدمة لمصالح تلك الجهات. كان هذا التدخل ولا يزال عاملا قويا مشوشا للتطور الاجتماعي الطبيعي لتلك المجتمعات.

مفهوم القومية العربية:
اعتبارات نظرية وعملية في التحقيق

الحس القومي العربي قائم في وعي وقلوب قطاعات واسعة من الشعوب العربية، وهذا الحس متفاوت القوة من بلد إلى بلد ومن مجتمع إلي آخر. ولا يتجلى هذا الحس تجليا ماديا كاملا وحقيقيا لأسباب داخلية وخارجية. واستلهم النشاطُ القومي العربي فكرة القومية العربية. لقد صاحبت نشوءَ النشاط القومي العربي بعضُ الإشكالات التي كان لها أثر سلبي في الفكر القومي العربي وفي نشوء الحركة القومية العربية. ومن هذه الإشكالات أن فكرة القومية العربية بدأت بالانتشار بالتزامن مع النشاط الاستعماري لبريطانية وفرنسا وغيرهما بقوتها ومواردها ونفوذها، أو أن الجهات المناوئة للفكرة القومية العربية، وهي في المقام الأول بريطانيا وفرنسا والحركة الصهيونية، قامت بمناوأة هذه الفكرة قبل أن تكون قد تبلورت وتطورت إلى حركة شعبية وترسخت جذورها بين قطاعات واسعة من المنتمين إليها واكتسبت مفاهيمُها الطابع المؤسسي . وبالتالي أمكن لهذه الجهات المناوئة أن تجزئ الأراضي العربية. ولم تستطع الحركة القومية العربية الناشئة غير المبلورة الضعيفة في البداية أن تتغلب على التهديدات السياسية والاقتصادية والعسكرية التي مثلتها تلك الجهات.

من تلك الجهات كانت لبريطانيا وفرنسا اليد الطولى في تجزئة الأراضي العربية عندما كانت فكرة القومية العربية غير مبلورة حتى منتصف القرن العشرين. ووعود بريطانيا بدعم استقلال أراضي الوطن العربي في آسيا، ثم نكثها بوعودها، واتفاق سايكس-بيكو البريطاني-الفرنسي على تقاسم أراض من الوطن العربي وتقاسم السيطرة على تلك الأراضي واتفاقات استعمارية أخرى شكلت طعنة في ظهر العرب. وكانت طعنة أعاقت نمو وبلورة الحس العروبي ونشوء الحس القوي بالهوية العربية المشتركة وأفضت، بالتالي، إلى تعزيز الانتماء القطري وإنشاء الكيانات السياسية القُطرية قبل نشوء كيان سياسي واحد كبير وقبل تبلور الهوية القومية المشتركة.

إن على أصحاب الحس العروبي القوي أن يثبتوا وجوده وفعاليته وتأثيره. وكانت تلك التجزئة تهدف إلى منع تحقيق البلورة العروبية ومنع أو على الأقل إبطاء تحقيق العرب لوعيهم بهويتهم ومستقبلهم ومصالحهم وطموحاتهم المشتركة وكانت تهدف إلى الحيلولة دون الالتئام العربي. وبعد أن نشأت أو تعززت الدول القُطْرية، وبغياب كيان أو دولة قومية عربية قوية أو كبيرة تجسد المفهوم القومي تجسيدا واقعيا وسياسيا ودستوريا وجغرافيا، وُجّه الانتباه الأكبر لتلك الدول إلى تلبية متطلبات الكيان القطري.

إن عدم الاتحاد العربي أو عدم التضامن العربي الفعال والوافي يعني أن فكرة القومية العربية غير متجسدة. إن من الأكثر صعوبة تحقيق المفهوم القومي العربي في بيئة لا يوجد فيها تجسد مادي وجغرافي ودستوري وسلطوي، ومن الأكثر صعوبة في هذه البيئة تحقيق وتعزيز الهوية القطرية في حالة التجسد الفعلي الأرضي القانوني السلطوي. شهد التاريخ تحقيق المفهوم القومي بوجود دولة قومية كبيرة تؤدي دور الريادة في السعي القومي. هذا هو الدور الذي أدته بروسيا الألمانية. كثير من العرب من الخليج إلى المحيط تطلعوا إلى أن تؤدي هذا الدور دولة عربية متفوقة من نواح مختلفة، ولكن تلك الدولة، لأسباب تستحق الدراسة المتعمقة، لم تقم بذلك الدور.

في التعريف يجب توخي الاتساق الفكري في الطرح والتناول. مما يضعف الحركة القومية العربية أن تعريف مفهوم القومية العربية لم يوضح بما فيه الكفاية العلاقة بين هذه القومية والإسلام: هل الإسلام، من منظور فكرة القومية العربية، جزء لا يتجزأ من الفكرة القومية العربية. في شمال أفريقيا، نظرا إلى أن جميع السكان تقريبا من المسلمين، ثمة تماه، في نظر أولئكم السكان، بين مفهوم القومية العربية واعتناق الدين الإسلامي. ينبغي البت في هذه المسألة ذات الأهمية البالغة.

وثمة إشكال آخر وهو يتعلق بتعريف "العربي". العربي هو الذي لغته الأولى هي العربية والذي له ثقافة عربية. هنا يبرز إشكال فورا: ما بالكم بملايين العرب المقيمين في أراض ضمت إلى ذلك البلد غير العربي أو ذاك، الذين فقدوا لغتهم العربية ولم يعودوا مثقفين بالثقافة العربية ولكنهم أكتسبوا لغة وثقافة البلد الذي ضمت أرضهم إليه؟ وما بالكم بملايين العرب أو المتحدرين من أرومة عربية في مناطق خارج الوطن العربي الذين لا يحسنون الآن التكلم باللغة العربية ولا يعرفون قدرا كبيرا عن الثقافة العربية والإسلامية؟

وليس ثمة بالضرورة تنافٍ أو تناقض بين المفهوم القُطْري والمفهوم القومي أو بين الانتماء القُطْري والانتماء القومي. الهوية القُطرية لا تتنافى بالضرورة مع الهوية القومية. يمكن أن يتعايش الانتماء القُطري والانتماء القومي. وإنشاء الكيان ذي الهوية القومية المشتركة لا يعني وينبغي ألا يعني القضاء على الكيان القطري، إذ يمكن إنشاء كيان قومي ذي سمة مشتركة بين جميع الكيانات دون القضاء على السمات القطرية لكل بلد من البلدان. ثمة تصورات مختلفة لطبيعة العلاقات الدستورية والسياسية بين الهوية القومية والهوية القُطرية. في هذه العلاقات يمكن أن يكون قدر أكبر من التقرير للأقطار أو أن يكون قدر أكبر من التقرير للهوية القومية. طبيعة العلاقة بين الانتماء القُطْري والانتماء القومي هي التي تحدد ما إذا كان التعارض قائما. الانتماءان غير متناقضين حينما يراعي الواحد منهما منطلقات الآخر. ولكن حينما لا يراعي أحدهما منطلقات الآخر فالتعارض قائم. ما هو ذو صلة هنا هو مدى الحضور القُطْري والحضور القومي في النفس ومدى تجسد هذا التكوين في العلاقة بين الانتماء القطري والانتماء القومي. ومدى الانسجام بين العاملين ومدى التناغم بينهما ومدى حساسية عامل منهما حيال الآخر ومدى إتاحة تعبير أبناء القطر عن شخصيتهم ومدى حسهم بالأمن والسلامة – ذلك هو الذي يقرر شكل العلاقة الدستورية بين القوم والقُطر. ومدى اتساع أو ضيق السمة المشتركة أو السمة القطرية تحدده طبيعة العلاقة بين السمة المشتركة والسمة القطرية.

والحالة المُثلى هي حالة قيام الشبه الكبير بين السمات المشتركة والسمات القطرية. ومن الأيسر تحقيق هذا الشبه أو التماثل نظرا إلى وجود الخلفية السياسية الثقافية المشتركة والأهداف والتطلعات المشتركة لدى أبناء هذه الأمة إلى التقدم والعمران والرعاية الاجتماعية والحماية والأمن والرفاهة الاقتصادية.

ينبغي لنا أن نولي الانتباه إلى كيفية شعور مرء في قطر يبلغ سكانه نصف مليون أو مليون أو ثلاثة ملايين نسمة بالأمن حينما يكون في سياق علاقات مع قطر عدد سكانه خمسون مليونا. هذا هو نوع المسائل التي ينبغي للدارسين أن يتناولوها وهم يسعون إلى تحقيق الفكرة القومية وينبغي ألا يبدأوا بعرض مقولات مجردة لا تراعي الحساسيات الفردية وحساسيات المجتمعات الصغيرة. لماذا لا تشكل لجنة من المحللين الحقيقيين المتعمقين الجادين لاستخلاص العبر على نحو جريء مما أدى إلى الانفصال بين مصر وسورية سنة 1961. تجب الدراسة الموضوعية الهادئة الهادفة المعول عليها لهذه الحالة. ولعل الاستنتاجات تساعدنا مستقبلا في

التناوُل الأقل تلقائية لمثل هذه العلاقات البالغة الأهمية بين الشعوب المختلفة الأخلاق والمشارب وطرق وأساليب العمل. ومن الطيب، من المنظور القومي، أن يبدأ الداعون إلى تبني مفهوم الانتماء القومي العربي، في خطابهم وعملهم، بالعمل على تعزيز الروابط اللغوية والثقافية وعلى تعزيز لبنات التكامل الاقتصادي العربي.

في نفس الإنسان حضور فردي وعائلي وقروي ومديني وأسري وقطري وقومي وإنساني. الفرد القومي الذي ولد في سورية أو مصر أو المغرب أو ليبيا أو اليمن لا بد من أن يكون الانتماء القطري حاضرا فيه أيضا. يمكن اعتبار المكونين القومي والقطْري مكملين بعضهما لبعض بدلا من اعتبارهما منافسين الواحد منهما للآخر. ألم يوجد في القوات الإسلامية في الحقبة الإسلامية الأولى أجناد فلسطين وأجناد الأردن وأجناد العراق وهكذا.

والمرء القومي هو بنية ذات مضامين مختلفة أفقيا – جغرافيا – وعموديا – تاريخيا. وللمرء والجماعة دور في تحديد مضامين تلك البنية. إن إحدى المشاكل التي تواجه المتناوِل لهذا الموضوع هي أننا نتكلم عن المفهوم القومي دون أن يكون ذلك متجسدا في دولة واحدة وجيش واحد وسلطة مركزية والهيئات الأخرى للدولة، بينما نتكلم عن المفهوم القُطري وهو متجسد في ملامح وسمات الدولة في كل من تلك الأقطار. لا يمكن أن نتصور أن يقوم حاكم – رئيس جمهورية أو ملك أو أمير أو سلطان في أي قطر – بقبول الدولة القومية قبل أن يتفق المسؤولون في الدولة القُطرية على العلاقات الدستورية بين الدولة القطرية والدولة القومية.

ويرى كثيرون من المحللين – وأنا واحد منهم – من أبناء المنطقة أن العلاقات بين مختلف الأقطار العربية علاقات تكاملية. ومن هذا المنطلق يتجلى إيلاء الأولوية لقطر ما في أن تُعطى الأولوية لسائر الأقطار لأن مراعاة الاعتبارات القطرية لا تتحقق إلا بمراعاة الاعتبارات المشتركة بينها جميعا.

وبغية تيسير تحقيق وتجسيد الكيان القومي يجب على المسؤولين السير بروية على طريق إنشاء البنية التحتية الميسرة للاتصالات والمواصلات والتكامل الاقتصادي وتعزيز الأساس الثقافي المشترك وبالتالي التكامل النفسي. يجب مثلا شق طريق رئيسي حديث جدا من المحيط الأطلسي إلى الخليج ويجب على السلطات الحكومية ومنظمات المجتمع المدني التشجيع الحقيقي المقترن بالدعم المالي والمادي السخي للزيجات بين الرجال والنساء من مختلف أقطار هذه المنطقة. ويجب على الهيئات الرسمية وغير الرسمية تعزيز وتشجيع تبادل سياحات الأشخاص بين البلدان العربية. هذه المبادرات والمشاريع وغيرها تتطلب الجدية في تناول الموضوع دون العبث واللعب بالكلام وصف الكلمات الإنشائية غير الصادقة وغير المستندة إلى الواقع. إذا وُصف شيء بالجدي فليس ذلك لأنه يوجد مَنْ يطلق عليه هذه الصفة، ولكن لأن التناول اتصف واتسم بهذه الصفة.

ويجب أن يثبت المنادون بمفهوم معين، مثلا المفهوم القومي، أنهم جادون في تقبلهم لذلك المفهوم، وأن يثبتوا أن سلوكهم العملي يقترن بالطرح القومي، وأنهم يتناولون المسائل المقترنة بهذه القومية بهدوء ودون انفعال ودون الاغتباط الذاتي بتبني المفهوم القومي بدون تفحص العقبات التي تعترضه. كيف يمكن أن تتفق الشخصية الفهلوية مع الشخصية الجادة الصارمة؟ وما هو التصور لو تولى صاحب شخصية فهلوية شؤون مقاطعة أو بلد عربي؟ إذا لم ينمّ سلوك المسؤولين في الكيان السياسي الكبير عن تقدير حقيقي راسخ وجاد للتحديات التي تواجه ترسيخ المشروع القومي، وبدأوا بلعبة القط والفأر وباتباع طرق فكرية وسلوكية لا تراعي المتطلبات الموضوعية الحقيقية الماثلة، فلن يحقق، مع الأسف، المشروع القومي.

أمن العرب القومي وسلامة الأراضي العربية

جمهورية مصر العربية، التي هي دولة آسيوية أفريقية، تقع في قلب الأمة العربية والأراضي العربية. من نافلة القول إن الأمن القومي لأي شعب يجب أن يكون، بسبب أولويته وحيويته، محل ومحور الإجماع الوطني. ونظرا إلى حيوية الأمن القومي فهو ملمح استراتيجي ثابت، ولا يخضع لأي اعتبارات أو ظروف سياسية غريبة عنه. وعلى مدى آلاف السنين نشأت التهديدات للأمن القومي لمصر، التي هي الصعيد والدلتا وسيناء والشواطئ المتصلة بها، من ناحية الشرق، من ناحية سورية التاريخية التي كانت تاريخيا مطمعا للطامعين من أواسط آسيا وما تزال مطمعا للطامعين من الغرب.

والأمن القومي المصري يتجاوز فكرة الدفاع عن الحدود. من الصعب الدفاع العسكري عن الأمن القومي المصري من داخل الحدود المصرية. من تحتمس الفرعوني إلى نابليون بونابرت إلى محمد علي وابنه إبراهيم إلى الرئيس جمال عبد الناصر كان من بالغ الصعوبة الدفاع عن مصر من خط شبه جزيرة سيناء. بين مصر والعالم الخارجي الشرقي تقع سيناء التي تتجاوز مساحتها 60 ألف كيلو متر مربع. وباستثناء تضاريس قليلة مثل المطلع (الميتلا) لا توجد فيها تضاريس تساعد في الدفاع التقليدي: ما بين خط رفح والعريش وطابا والكونتيلا، من ناحية، والسويس والإسماعيلية وبور فؤاد، من ناحية ثانية، أراض شاسعة رملية مفتوحة وفارغة باستثناء أماكن عمران قليلة من قبيل بعض القرى ومضارب البدو. وعلى الرغم من قدرة القذائف المطورة مؤخرا على عبور الفضاء الواسع فوق الأراضي الواسعة، فإن سعة الأراضي الخضراء أو الصحراوية لم تفقد أهميتها الاستراتيجية والعسكرية. ومن الصحيح القول إن خط الدفاع الأفضل كثيرا هو غزة.

كانت سورية البلد الذي يعُرقَل فيه تقدم أي جيش قادم من الشرق باتجاه مصر. كانت الجيوش المصرية تقضي على الجيش الخصم وهو في طريقه في سورية قبل أن يصل الأراضي المصرية وهو يسعى إلى تحقيق مبتغاه، وهو ضرب الكيان والقوة المصريين. هزم المصريون الهكسوس، وألحقوا الهزيمة بالتتار الذين اجتاحوا أراضي الهلال الخصيب، وصدهم المصريون في عين جالوت بفلسطين. لم يخدم انتصار المصريين مصالح أراضي الوطن العربي في آسيا فحسب ولكن خدم الأمن القومي المصري أيضا.

هذه حقيقة تاريخية يحددها ويفرضها الواقع الجغرافي. وهي حقيقة يحددها أيضا الانتماء الثقافي المشترك لمصر والبلدان العربية. وتجاهل هذه الحقيقة لا يعني عدم وجودها ولا يعني إزالتها. والدولة التي تشغل هذا الحيز الجغرافي الواقع بين مصر وسورية الحالية ينبغي أن تراعي حيوية هذا الحيز لأمن مصر القومي.

لتعزيز الأمن القومي المصري يجب تعزيز العلاقة بين مصر والبلدان الواقعة شرق السويس وشرق سيناء. ولا يمكن تصور نشوء قوة دفاعية عربية دون توحيد الكلمة بين مصر والأراضي السورية.

والحس بالانتماء الثقافي العربي ضروري للأمن القومي المصري. ومفهوم القومية العربية مفهوم ثقافي وليس مفهوما عرقيا بالضرورة. القومية العربية هي النطق باللغة العربية والتنشئة على الثقافة العربية. الانتماء إلى القومية العربية لا يعني بالضرورة فقد العلاقة بالأصول الثقافية السابقة لنشوء الإسلام في القرن السابع. ويعتقد كثيرون من الناس، وأنا واحد

منهم، بأن الجوار العربي جزء لا يتجزأ من الأمن القومي المصري. للجوار أو للسياق العربي أهمية في الدفاع عن الحدود المصرية. ما يحسم كثيرا من قضايا مصر هو مراعاة أمنها القومي في سياقه العربي. مصر مرتبطة بإقليمها العربي. والإعتراف بالثِقل الثقافي والعلمي والأدبي والاستراتيجي المصري في الأراضي العربية من شأنه أن يشكل إسهاما كبيرا في تعزيز الأمن القومي المصري. وكلما تعزز دور مصر في السياق أو الإطار القومي العربي ازداد أمنها رسوخا وتعززا.

واتخاذ أصحاب السلطة في أي قطر عربي لموقف يتسم بقدر من الاستقلال حيال قضايا عربية وإسلامية وإقليمية ليس من شأنه أن يستدعي ردا سياسيا أو عسكريا من جانب جهات أجنبية لها سياساتها. واعتياد تلك الجهات على الاستجابة الإيجابية من قِبل بلدان من العالم النامي لرغباتها (أي لرغبات تلك الجهات) – كما يفعل عدد من البلدان العربية والإسلامية – من شأنه أن يشجع تلك الجهات على رفع عتبة أو سقف توقعاتها من تلك البلدان وعلى إبداء الإصرار على أن تستجيب تلك البلدان لمطالب تلك الجهات. ويشيع في الغرب الاعتقاد – المستند إلى التجربة – بأن بلدانا عربية وإسلامية من عادتها أن تسرع بالاستجابة الإيجابية لتلك المطالب. والنتيجة باتت جلية.

وما قلناه عن اعتبارات تحقيق الأمن القومي المصري ينطبق على اعتبارات تحقيق الأمن القومي لأي بلد عربي، وأيضا لأي بلد غير عربي يشترك مع البلدان العربية في مسائل حيوية ووجودية.

الحضور العربي في أفريقيا والحاجة إلى تعزيزه

منذ عقود ما فتئت دول فاعلة تنشط في كل أنحاء العالم، ونشاط هذه الدول، النابع من رؤيتها لمصالحها وأهدافها، جزء من استراتيجية عسكرية واقتصادية وسياسية عالمية قديمة غير متغيرة. ويندرج في هذه الاستراتيجية اهتمام تلك الدول بالعمق الأفريقي الذي يتكون من دول منها إثيوبيا وكينيا ونيجيريا. وأفريقيا محل صراع بين دول عظمى ومنها في المقام الأول الصين والولايات المتحدة وفرنسا. وهذه القارة، التي تقع فيها دول عربية وإسلامية كبيرة، هي القارة الإسلامية الوحيدة في العالم. وفي أفريقيا قدر من الفراغ السياسي وهي غنية بثروات كثيرة غير مستثمرة أو غير مستثمرة بما فيه الكفاية من قبيل الذهب والكوبالت واليورانيوم والبترول.

ونجحت بعض الدول غير الأفريقية في شغل قدر كبير من هذا الفراغ وتريد هذه الدول أن يكون لها دور هام فيها. ولتحقيق تلك الدول لأهدافها تسعى باستمرار بنجاح إلى إقامة وتعزيز التعاون الاقتصادي والأمني والمائي بينها وبين الدول الأفريقية. وتجلى الاهتمام الأجنبي وما يزال يتجلى في ابرام اتفاقات بينها وبين دول أفريقية على بيع الأسلحة وإقامة العلاقات التجارية والثقافية وتبادل الزيارات بين الرسميين من الجانبين.

وفي إطار تلك الاستراتيجية تولي تلك الدول غير الأفريقية الاهتمام لتوثيق العلاقات بالدول المطلة على منابع نهر النيل والدول التي يمر نهر النيل فيها بغية ممارسة التأثير على تلك الدول الأفريقية بالاتجاه الذي يخدم أغراض الدول غير الأفريقية. وبعض تلك الدول، التي تعي الأهمية القصوى لمياه النيل في حياة مصر، تريد إضعاف مركز مصر في بلدان حوض النيل.

وللعرب شعوبا ودولا حقوق تجب معرفتها والمحافظة عليها، وإذا لم تجر المحافظة على تلك الحقوق فسيُشطَب العرب من الخريطة السياسية العالمية. وللدول العربية مصالح حيوية متبادلة. ويتجلى تبادل المصالح الحيوية هذا في القول إن إضعاف مصر يعني إضعاف سائر العرب.

وعلى الرغم من وجود عشرات الملايين من العرب والناطقين بالعربية في أفريقيا فإنهم لم يبدوا مبالاة كافية بالقارة الأفريقية والقضايا الأفريقية وأضاعوا فرصا كثيرة فيها. ولم يساعد العرب الأفارقة ما فيه الكفاية. إنهم ينظرون إلى الشمال ولا ينظرون ما فيه الكفاية إلى الجنوب. وعلى الرغم من حيوية نهر النيل بالنسبة إلى مصر والسودان ومن وجود قضايا لم تسوّ بعد بين مصر وبعض دول منبع النيل، فإن انعدام قدر كاف من المبالاة بقضايا الشعوب الأفريقية سهّل على دول معينة اختراق القارة الأفريقية. المصالح المتبادلة بين الشعوب الأفريقية والشعوب العربية تتطلب تعزيز الوعي بحيوية توثيق العلاقات بين الشعوب العربية والشعوب الأفريقية وتتطلب أيضا تقديم المساعدة للشعوب الأفريقية التي تعاني من الفقر المدقع وسوء التغذية والأمراض المتفشية. كثير من العرب غافلون عن أهمية العلاقات القائمة أو التي ينبغي أن تكون قائمة بينهم وبين الأفارقة. هذه القضايا لا تشغل مكانا سليما في سياسات الدول العربية على الرغم من القرب الجغرافي والتماثل الثقافي والديني والمصالح الاقتصادية الكثيرة القائمة بينها. وأفريقيا يمكن أن تكون السند الحقيقي للعرب، ويمكن أن يحقق إسناد متبادل بين الأفارقة والعرب.

أحيانا كثيرة تتجاهل دول عربية قضايا الأمة. وحينما تنجح دولة غير عربية في قضية من تلك القضايا تبدأ تلك الدول بالكلام. يجب هجر هذه العادة، وقرن واجب العمل بالعمل والتحرك. ويجب اتخاذ سياسة قوية وإبداء الإصرار على التمسك بالسياسة. ومن شأن تعزيز العلاقات بين مصر والسودان أن يعود بالمنفعة الاستراتيجية عليهما في مجالات منها حماية حقوقهما في مياه النيل.

ولشُح المياه والتصحر وتزايد استهلاك المياه تزداد المياه أهمية. وستنشب حروب المياه في أجزاء مختلفة من العالم، وعلى وجه الخصوص منطقة شمال أفريقيا وجنوب غرب آسيا التي يقل فيها هطول الأمطار. ومن الطيب أن يقوم مسؤولون مصريون بزيارة لدول منبع نهر النيل وللدول التي يمر نهر النيل فيها لمناقشة وتنسيق وتعزيز العلاقات بين مصر وتلك الدول فيما يتعلق بتقاسم مياه النيل. تحاول دول أجنبية تطويق دول حوض النيل: كينيا وأوغندا والسودان وتقييد يدَي مصر وتقليل نصيب مصر من مياه النيل. وتظرا إلى ذلك فمن الضروري أن تتوخى مصر وسائر العرب اليقظة حيال هذه الرغبة.

التصدي المباشر للقضايا

إن موانع الرقابة تحظر البوح بالأفكار والعواطف وبالتالي فإن هذه الأفكار والعواطف تبقى مقيدة. ونظرا إلى معرفة أصحاب الرأي للحدود التي تحددها الرقابة فإن كثيرا منهم يراعون تلك الحدود التي، كما يدل معناها، تحد الانطلاق الفكري وتضيق الآفاق التي يمكن لفكر الانسان أن يجول فيها.

وتناول أو معالجة القضايا يمكن أن تكون مباشرة أو غير مباشرة. وعدم مباشرة التناول طريقة يطرقها بعض الناس في ظروف منها عدم مؤاتاة المناخ الاجتماعي بأبعاده السياسي والاقتصادي والثقافي والنفسي لاتباع التناول المباشر. يمكن أن يكون هذا المناخ ضاغطا أو مقيِّدا أو إملائيا. ويضر عدم التناول المباشر ضررا كبيرا بمصلحة الشعب. فعدم التناول المباشر يقلل قوة الإفصاح عن المضمون الفكري والشعوري. فالرسالة المنقولة مباشرة أشد فعالية في الإفصاح من الرسالة المنقولة على نحو غير مباشر. إن طريقة النقل غير المباشر حلقة من حلقات النقل من المرسل إلى المرسل إليه. وكلما ازدادت حلقات النقل عددا قلت قوة الرسالة المرسلة. وعن طريق التعويد على التناول غير المباشر تنشأ ثقافة التناول غير المباشر للقضايا.

ولشيوع ثقافة التناول غير المباشر آثار سلبية جدا. بهذا الشيوع يتسم كثير من ضروب السلوك بعدم التصدي المباشر للقضايا. في ظل هذه الثقافة يقل شعور المرء بالمسؤولية المباشرة عن عمله وعمل الآخرين، ويقل الدافع لدى المرء إلى المنافحة عن القضايا العادلة وإلى انتقاد الحالات المعيبة، ويتعزز لدى الإنسان الميل إلى التهرب من تحمل المسؤولية وإلى عزو العيوب إلى آخرين ويتشجع الناس على التحايل على الأنظمة. وهذه صفات ليست طبيعية. وكلما ازدادت القيود والإملاءات التي يتضمنها ذلك المناخ خفة قل تحايل الناس وازداد تناولهم للأشياء مباشرة وازداد العنصر الطبيعي في سلوكهم قوة.

ولدى الناس كلهم القدرة على التكيف مع المناخ الاجتماعي السائد. ويختلفون بعضهم عن بعض في مدى هذه القدرة التي تتأثر هي نفسها بذلك المناخ. والتناول غير المباشر وصفات خلقية أخرى من هذا القبيل أنواع أخرى من التكيف. ومن الجلي أن هذا التكيف ليس سليما من الناحية الخلقية. والتكيف الأفضل هو التكيف مع المناخ السياسي والثقافي والنفسي الذي يشجع على التخلق بالأخلاق الوطنية والقومية والدينية والإنسانية الرفيعة.

وثمة علاقة بين ذلك المناخ والإبداع. ينشأ الإبداع بتوفر عوامل منها شعور المرء بتحرره النفسي والعاطفي والفكري والاجتماعي والسياسي. وكلما ازدادت وطأة ذلك المناخ ثقلا وازداد شعور المرء بأثر ذلك المناخ فيه زاد احتمال أن يكون ذلك المناخ عاملا أشد أثرا في عرقلة الانطلاق الإبداعي. وحتى يكون الإنسان منطلقا وحتى يعيش حياة بطريقة هي أقرب إلى الطريقة الطبيعية ينبغي للقوى الاجتماعية المختلفة ألا تضطره إلى القيام بقدر كبير من التكيف، فقدر كبير أكثر مما ينبغي من التكيف في السلوك والموقف والشخصية يجرد الإنسان من جوانب من ذاته ومن طبيعته.

ومما يثقل أيضا من عبء الرقابة على المفكرين والمبدعين تدخل أوساط ليست جزءا من جهاز الرقابة في توجيه عمل الرقابة. وتقوم هذه الأوساط بهذا التدخل منطلقة من خدمة مصالحها الاقتصادية أو التجارية أو خدمة لرؤاها. وفي ضوء ذلك كله فإن واقع الرقابة لا

يرتبط بالضرورة ارتباطا قويا بنصوص قانون الرقابة. فقرارات المنع والإجازة التي يفترض أن تكون مستندة إلى ذلك القانون ليست كذلك دائما.

وأحيانا توضع مواد قانون الرقابة أو يعدل هذا القانون بتأثير عدد محدود من الناس الذين قد لا يولون الاعتبار الكافي للأثر الذي يترتب على تنفيذ القانون في حياة الناس الفكرية وفي وعيهم أو في تعطيل النشاط الفكري وفي تقييد النشاط الإنساني عموما. ومن وجوه السلوك الشديد الأثر والخطر أن تقوم جماعة، وهي مدفوعة بالنهوض بمصالح خاصة ضيقة، بوضع قوانين ولوائح تدعي تلك الجماعة بأنها تقصد بها (أي القوانين واللوائح) خدمة الشعب.

وفي ظل الظروف التي تمارس فيها التوجيهات الرقابية كان للرقابة أثر مبطئ لانطلاق الإبداع ومقيد للفكر. تلك الظروف جعلت الشخص المبدع يحاول أن يوازن بين عالمه والعالم الذي حوله وأن يتعامل ويتكيف مع العالم الذي حوله. وانطوت تلك المحاولة على النيل من انطلاقه وعلى تقييد فكره.

الهيمنة الثقافية الغربية تهديد للثقافات الأصلية للشعوب

تسعى جهات سياسية وعقائدية واقتصادية وعسكرية غربية قوية رسمية وغير رسمية إلى الهيمنة على بلدان وشعوب في مختلف أنحاء العالم. ومن متضمنات الهيمنة السيطرة والتحكم والتوجيه والتقييد وفرض قيم وأساليب وطرق في الحياة يحلو لتلك الجهات إملاؤها على تلك البلدان والشعوب. وحينما تنجح تلك الجهات في تنفيذ سياساتها الخارجية الرامية إلى تحقيق الهيمنة فإن ذلك يعني تسييد قيم وأساليب وطرق تلك الجهات على قيم البلدان والشعوب الضعيفة وتهميش قيم تلك البلدان والشعوب والحيلولة دون إشاعة قيم تلك البلدان والشعوب في العالم.

وتسييد قيم الجهات القوية على قيم البلدان والشعوب الضعيفة إحدى طرق إشاعة طريقة الحياة التي تأخذ بها الجهات المهيمنة على حساب طريقة حياة البلدان الشعوب الضعيفة.

وما تبدو أنها مفاهيم واحدة قد تكون في الواقع مفاهيم ذات معان أو دلالات مقصودة مختلفة. وثمة أمثلة كثيرة جدا على أن ما تبدو أنها مفاهيم واحدة هي في الواقع ذات معان أو دلالات مقصودة مختلفة. إن مفاهيم السيادة والحياة والموت ووجود الإنسان على ظهر الأرض والهناء والسعادة والغنى والرضاء والبلوى مفاهيم موجودة في مختلف الثقافات ومختلف اللغات، غير أن لتلك المفاهيم معاني أو دلالات مختلفة تعرفها وتحددها الثقافات التي تشيع في صفوف شعوب معينة وتسود فيها.

وللثقافة تعاريف مختلفة. ومن هذه التعاريف أن الثقافة هي كيفية معاملة الفرد والجماعة للأفراد الآخرين والجماعات الأخرى وكيفية معاملتهما للأشياء. وتتعلق الدلالات المقصودة لمفاهيم معتمدة لدى شعب معين وشائعة في صفوفه وسائدة فيه بصميم الفلسفة الاجتماعية الدينية والروحية والقيمية والقومية والإنسانية التي يأخذ بها ذلك الشعب. معنى "الموت" في الثقافة الغربية ليس معنى "الوفاة" في الثقافة العربية-الإسلامية، ومعنى "حياة الإنسان على وجه الأرض" و"البلوى" في الثقافة العربية-الإسلامية ليس معناه في ثقافات أخرى. وهذا الاختلاف قائم في كثير من المفاهيم الأخرى.

عن طريق إشاعة مفاهيم غربية في صفوف شعوب أخرى وعن طريق تسييد تلك المفاهيم على مفاهيم تلك الشعوب تُفرض على تلك الشعوب المعاني أو الدلالات المقصودة لتلك المفاهيم الغربية على تلك الشعوب. وفرض دلالة مقصودة لمفهوم على شعب آخر إنما هو مساس بثقافته وهو بالتالي مساس بوجوده وكيانه ورؤيته ورؤياه الاجتماعيتين والثقافيتين والانسانيتين.

وحتى تكون لدى البلدان والشعوب النامية القوة على مواجهة الغزو الثقافي الغربي يجب أن تكون ثقافتها مستجيبة، في إطار الاجتهاد، لمتطلبات الحياة في الوقت الحاضر. وهي ليست كذلك. تشيع في صفوف تلك الشعوب الذكوريةُ-الأبوية والحمائلية والطائفية والإقطاعية وتظلم فيها النساء والمعوقون وسائر الفئات الضعيفة. وما دامت هذه الظواهر منتشرة على هذا النحو فلا قبل لشعوبنا بالتصدي للغزو الثقافي.

التنشئة على الديمقراطية وتأكيد الحضور الفردي والجماعي

من الصحيح القول إن استقلال الفرد وحريته الفكرية وحسه بالكرمامة وقدرته على الابتكار من القيم الرفيعة للمجتمع البشري. وتعتبرها مجتمعات بشرية كثيرة على هذا النحو. وللتنشئة أساليب أو طرائق. يمكن لطريقة من طرق التنشئة أن تنشئ على تقدير الحس بالكرامة الإنسانية وعلى الانطلاق الفكري وممارسة الحرية والنقد وعلى تأكيد الذات والحضور الذاتي والإعراب عن الشخصية. هذه الطريقة تحمل سمات التنشئة الديمقراطية السليمة. من شأن طريقة التنشئة هذه أن تؤهل المرء لأن يكون له قدر أكبر من فصل الذات عن الموضوع وأن تسهم إسهاما ذا شأن في تنشئة الفرد المناقش والمحاور والناقد والمقلب للأمور والدارس لها.

تنطوي طريقة التنشئة هذه على إيلاء الأهمية لحقوق المرأة باعتبارها مخلوقة وفردا لها حقوق طبيعية وحقوق الإنسان والمواطنة في المجتمع والدولة. وتؤهل هذه الطريقة المرء (والمرأة) لأن يكون أكثر توازنا وموضوعية ورشدا في نظرته. وتتجلى هذه الصفات - صفات التوازن والموضوعية والرشد - في أن المرء في فكره يوجد هامشا لاحتمال خطأ أفكاره وفعاله ولاحتمال صواب أفكار وفعال الآخرين. ويكون المرء أكثر استعدادا للإصغاء إلى أقوال الآخرين وللتحاور معهم. وتتجلى هذه الصفات أيضا في أن المرء لا يعتبر من يختلف معه في الرأي أو يخالفه الرأي خصما له وفي أنه لا يعاقب من يخالفه الرأي، وفي أنه لا يعتقد بأنه يحتكر المعرفة وفي أنه يعتقد بأن المرجعية الاجتماعية المشتركة أعمق وأبعد من مجرد التماثل في الآراء، أي أنه يمكن أن تكون هذه المرجعية قائمة رغم اختلاف الرأي.

وطريقة التنشئة هذه تؤهل أيضا المرء المنشأ عليها لأن يكون أشد حساسية أو أقل لامبالاة بأفكار الآخرين ومشاعرهم ومواقفهم وأعمالم، ولأن يكون أكثر انضباطا في إصدار أحكامه وفي تقييماته.

وبطريقة التنشئة هذه يزداد إقرار الناس بأهمية الجهد الشخصي في اكتساب المكانة الاجتماعية وفي جمع الثروة المادية وفي أداء الوظائف الحكومية وغير الحكومية في مختلف المجالات، ويقل اهتمام الناس بالعادات والتقاليد بوصفها مصادر لتلك المكانة وبوصفها أدوات تؤمن تولي تلك الوظائف.

وبإشاعة طريقة التنشئة هذه تضعف أو تقوض القيم التي تمثلها طريقة التنشئة الاستبدادية وتدعو إليها وتعززها. بإشاعة التنشئة الديمقراطية وبازدياد قيمة المجهود الشخصي في تحقيق المكاسب يضعف الأسلوب الاستبدادي في التعامل مع الأخرين ويضعف أثر النظرة التقليدية والاستبدادية التي تعتبر المرأة والإنسان الأصغر سنا أقل حكمة وأقل حقا وأقل جدارة بتولي المسؤولية.

وبإشاعة طريقة التنشئة الديمقراطية يزداد الوعي بأهمية الحوار بوصفه وسيلة لتحقيق التماسك الاجتماعي ولتحقيق التواصل الفئوي والطبقي وبوصفه وسيلة لمحاولة التوصل إلى الأحكام الأكثر سدادا ورشدا، ويتعزز مركز الحوار على حساب أسلوب الفرض والإملاء والاستبداد بالرأي. وبهذه الطريقة يكون أي طرف أكثر انفتاحا أو أقل انغلاقا على الاستماع إلى النقد، وتؤدي المنجزات المكتسبة دورا أكبر أهمية في النهوض الاجتماعي. ومن شأن هذا الانفتاح أن يسهم في إضعاف النظام الذكوري الأبوي والنظام الاستبدادي اللذين يحاربان الفكر النقدي.

القمع الفكري والمفهوم البشري

الفكر المعرب عنه في اللغة العربية يستحق إبداء بعض الملاحظات عليه. نظرا إلى الانتشار، على تفاوت، لجو القمع الفكري والنفسي والعاطفي الذي ترزح تحته شعوب المنطقة أفرادا وجماعات وتعاني منه فإن الفكر المعرب عنه في البيانات الشفوية والمكتوبة الصادرة عن هؤلاء الأفراد والجماعات ليس، في قسم كبير منه، فكرا حرا حقيقة. إنه فكر متأثر ومكيف بذلك الجو القمعي. كثيرون من المفكرين والكتاب والصحفيين يسخّرون أقلامهم، لقاء تعويض مالي أو مكافأة مادية أو شغل منصب من المناصب أو الوعد بهذا الشغل، لأصحاب السلطة الحكومية وغير الحكومية الداخلية والخارجية. وكثيرون من الناس يكتمون آراءهم الحقيقية في المسائل الحياتية والمصيرية أو يعربون عن آراء غير الآراء التي يعتقدون بها خوفا على حياتهم وعلى مصادر رزقهم وحريتهم المنقوصة.

وينبغي القول إن تكييف صياغة الرأي خوفا من أثر القمع الفكري والنفسي والعاطفي متأصل في جميع الشعوب بدون استثناء، ولكن الشعوب تختلف بعضها عن بعض في مدى شدة هذا القمع وفي قوة أثره في تكميم الأفواه.

وساهم الحُكم الأجنبي الذي دام قرونا، من نظم استبدادية وعسكرية وغازية وتوسعية من آسيا الوسطى ثم من الغرب، في نشوء ظواهر سلبية باقية. ومن هذه الظواهر الطائفية والعشائرية والاتكالية والذكورية-الأبوية و"الفهلوية" والبلطجية والاقطاع والارتجال والافتقار إلى إمعان وإجالة النظر والميل إلى المبالغة. ولأسباب منها اختلاف قوة ظلم الحكام الأجانب والمستوى الثقافي لدى أفراد شعوب المنطقة واختلاف حجم الفائدة التي تصور أولئكم الحكام إمكان تحقيقها من تلك الأراضي العربية الغنية بمواردها الطبيعية والبشرية تتفاوت هذه الظواهر انتشارا وقوة.

وليس المقصود أن الحكم الأجنبي هو المسؤول الوحيد عن هذه الصفات. فقد كان قسم من هذه الملامح قائما بين السكان في بعض أراضي المنطقة. بيد أن ذلك الحكم اتبع سياسة التعزيز الكبير لهذه الملامح، إضعافا لشعوب هذه المنطقة ولمَنَعتها الثقافية الأصلية ونهوضا بمصالحه الاقتصادية والاستراتيجية والتوسعية.

وكان لهذه الظواهر – أي الطائفية والعشائرية والاتكالية بالمعنى الاجتماعي الثقافي والذكورية-الأبوية والفهلوية والبلطجية والإقطاع والارتجال والافتقار إلى إمعان النظر والمبالغة – مَنْ رعاها ولا يزال يرعاها. ومنطلقات هذه الظواهر ليست عامة، ولكنها جزئية فئوية. من الواضح أن الطائفية تُعنى بأفراد طائفة واحدة هي جزء من كل. والعشائرية تُعنى بأفراد عشيرة ما. والذكورية-الأبوية تعطي الأولوية للذكور على الإناث وللمسنين على الشباب وللأثرياء على الفقراء وللأقوياء على الضعفاء. والإقطاعيون لا يعنون في المقام الأول إلا بالحفاظ على هذه الإقطاعيات دون الالتفات المتناسب إلى حالة الشعب البائسة وإلى الضرر الناجم عن نظام الإقطاع وإلى كون الإقطاعيات جزءا من أرض البلد والشعب. والاتكاليون بالمعنى الاجتماعي الثقافي يخلدون إلى أوضاعهم التعيسة دون العمل بالحديث النبوي "اعقل وتوكل". والارتجال والمبالغة والافتقار إلى إمعان النظر سلوك لا يراعي حاجة القضايا إلى الدراسة المتأنية والموقف الواقعي والتسلح بالتفكير وإمعان وإجالة النظر في الأمور. هذه الظواهر كلها، إذن، ظواهر تنطوي على القمع الفكري والسلوكي، لأنها، بمراعاة كل منها لحيز

منطلقها، تهمل حيزات منطلقات أخرى. وتتجلى هذه الصفات في البيانات الشفوية والمكتوبة والإيماءات والإيحاءات الصادرة عن الذين يتصفون ويأخذون وينهضون بها.

ولهذه الظواهر ولغيرها متطلباتها السلوكية المختلفة التي تكون متضاربة أحيانا. ولأصحاب المصالح السياسية والاقتصادية والاستراتيجية في الداخل والخارج دور هام في تعزيز هذه الظواهر. ويتعرض السكان لوابل من التأثيرات وأنماط السلوك والأفكار المختلفة والمتضاربة. وتتعدد مصادر الرسائل التي تحمل محتويات ثقافية مختلفة ومتضاربة. ورؤى الناس تختلف عن رؤى المتولين للسلطات الحكومية وغير الحكومية في بعض المجالات. هذه الحالات كلها القائمة في كل بقاع المعمورة، بما في ذلك الأراضي العربية، تؤدي إلى انشطار النفس (ينبغي إجراء دراسة اجتماعية لمحاولة تحديد مدى هذا الانشطار) بين مختلف الظواهر: الانشطار بين القِيم، وبين الانبهار بالمظهر الحضاري والثقافي القادم من الغرب والنفور من نتائج وتداعي سياساته وأحاييله، وبين متطلبات العقل والطروح غير العقلانية، وبين الرغبة في تحسين الحالة المالية والاقتصادية وواقع الحرمان والفقر المدقع، وبين النطق باللغة العربية وشعور البعض بأنهم ليسوا عربا عرقيا، وبين عدم التمييز الوافي بين العربي بالمعنى العرقي والعربي بالمعني الثقافي، وبين توفر الشهوة الجنسية والعجز عن ممارسة الجنس لنقص المال اللازم لدفع نفقات الزواج نتيجة عن البطالة وتدني الأجور والتضخم النقدي وارتفاع أسعار المواد الغذائية الضرورية والفقر، وبين اعتبار أنفسنا أمة خيرة تأمر بالمعروف وتنهى عن المنكر ورؤية بعض الدول الغربية قوية وغنية ومسيطرة ومتحكمة.

ويبدو أن الفكر العربي في القرنين الماضيين لم يول الاهتمام الكافي لحقيقة ضعف أو عدم وضوح الحدود المفاهيمية بين مختلف التيارات الفكرية الاجتماعية بالمعنى الأوسع: القومية والوطنية (محبة الموئل والوطن ومسقط الرأس) والدينية والتكافل الاجتماعي (دفع فريضة الزكاة وعدم الغلو في جمع الثروة). ومن المفيد للشعوب العربية والإسلامية إيلاء مزيد من الاهتمام لهذه الحقيقة، إذ بذلك يسهل العمل على تقليل حدة الخلافات وتنكيس السيوف المشرعة بين بعض تلك التيارات.

ومما له صلة بالقهر الفكري وبانشطار الشخصية اتسام سلوك قسم من الشرائح البشرية باتساع الفجوة بين الكلمة والعمل بها. وأحد الاستنتاجات الذي لا مفر من استخلاصه من ذلك الاتساع هو أن العبرة في هذا السياق هي في العمل وليست في الكلمة فقط.

قمع الرأي المختلف أو المخالف: الأسباب والتداعيات

إن ثقافة إنكار حق اتخاذ الموقف المختلف عن الرأي السائد أو الموقف المخالف له لا تفسح مجالا لنشوء التعددية الفكرية التي تتضمن التعايش الفكري. وتنافي هذه الثقافة مفهوم المجتمع المدني لأنه لا يمكن نشوء هذا المجتمع بدون التعددية الفكرية. وهذا الإنكار صفة من صفات نظام الغاب فيه يبطش القوي بالضعيف، ومن صفات التشدد والتعصب اللذين لا يتيحان قيام تعدد الأفكار. ويدل هذا الإنكار على الانغلاق العقلي والفكري لأنه – أي الإنكار – منغلق على نفسه. وهو قمع للحرية الفكرية والسياسية ولجم للسان والقلم، وتهديد بالبطش بمن له رأي مخالف، وفتك به.

إن القيود من قبل لجم اللسان وصد سيلان القلم وممارسة الحرمان من الحرية تحدث في شتى ارجاء المعمورة – وعلى وجه الخصوص في عدد من البلدان النامية – بحجج، منها الرغبة في ضمان وحدة كلمة الشعب. وتلك القيود تؤدي بالضرورة إلى الإنغلاق العقلي والفكري وإلى القضاء على صفات من قبيل النزعة الفكرية والعاطفية الإبداعية وإلى الثني عن بذل الجهد الفكري. وهذه الصفات من المفروض أن تكون في عداد الثروة التي يمتلكها الشعب ليحافظ بها على نفسه.

وكلما قل عدد المسائل المطروحة للنقاش في صفوف شعب من الشعوب سهل تحقيق الإجماع عليها. وكلما ازدادت المسائل عددا صعب تحقيق الإجماع عليها. ونظرا إلى كثرة المسائل التي تنطوي عليها حياة البشر فإن قلة عدد المسائل المجمع عليها تعني وجود مسائل أخرى غير مجمع عليها. ومن دلائل الحرية الفكرية والسياسية والاجتماعية كثرة المسائل التي يتاح للمواطنين إبداء الرأي فيها ومناقشتها من أجل قبولها أو رفضها بدون خوف من انتقام المتولين للسلطة الرسمية وغير الرسمية أو الحكومية وغير الحكومية. عن طريق هذه الحرية يمكن تحقيق التفاعل والتحاور الفكريين. وبذلك يقل الانغلاق العقلي والفكري ويزداد الانفتاح العقلي والفكري وينشأ ويتعمق الوعي بوجود بدائل وخيارات والوعي بمفاهيم المشاركة والتوفيق والتفاعل والديمقراطية والتعددية والإنصاف.

وفي ظل ثقافة الإسكات والقمع هذه يسهل على أصحاب الرأي الواحد المهيمن أن ينتحلوا لرأيهم صفة "الإجماع الوطني"، ما يؤدي إلى تهميش الرأي الآخر وتشويه صورته وتجريمه ووصفه بشتى النعوت المشوّهة غير الصحيحة.

ولا تحقق وحدة الشعب بفرض فكر واحد ولكنها تحقق عن طريق جعل قاعدة الإجماع عريضة بحيث تتسع للأفكار المختلفة التي يحتضنها اصحابها في إطار المرجعية والمصالح العليا للشعب. "وحدة الكلمة" عن طريق فرض فكر واحد واستبعاد أفكار أخرى هي الوصفة لتفتيت وتجزئة كلمته وتشتيت جهوده وطاقاته، لأن أصحاب الفكر المستبعَد يكونون مستائين ساخطين وهم يوجهون طاقاتهم الفكرية إلى محاولة نقد حالة غلبة الفكر السائد وإلى تغيير هذه الحالة.

وتؤدي هذه الحالة إلى تولد الشعور بالإحباط ونشوء التهكم من هذه الحالة، والانكماش عن النشاط الشعبي المخلص لما فيه مصلحة الشعب والوطن.

وتكون المحصلة تخلف الشعب عن تحقيق التقدم السريع الحركة صوب التغيير المنشود والنهضة وعن مسايرة ركب الحضارة السريع الحركة. ففي العالم الذي نعيش فيه

تتطور الحضارة بسرعة، ولجوانب هذه الحضارة آثارها العالمية النطاق. وعدم مسايرة التقدم الحضاري، الذي يتضمن التقدم العلمي والثقافي والتكنولوجيا بما في ذلك استحداث الوسائل الدفاعية، معناه أن الشعوب المتخلفة لا تحسن الدفاع عن نفسها.

إن عدم اتاحة الفرصة لأن يعرب أصحاب الفكر المختلف أو المخالف عن فكرهم يدل على ما يعتور الثقافة السائدة من عيب جوهري. عدم الإتاحة هذا يدل على السلوك الأناني والقصير النظر وغير الديمقراطي والهمجي الذي ينال من شتى شرائح المجتمع. ويسهم هذا السلوك في إيجاد جو الخوف النفسي والفكري الذي لا يمكن في ظله أن تنشأ وتنمو وتزدهر حياة اجتماعية وثقافية فكرية قويمة.

والحقيقة أن المعيار الأهم لمدى سلامة كثير من المؤسسات الاجتماعية ليس قدرتها على التوقف في تطور محتواها عند نقطة معينة بحجة الإجماع عليها ولكن مدى قدرتها على التعامل بموقف فكري منفتح على البيئة ذات المستجدات الفكرية المتسقة مع القيم والمصالح العليا للشعوب، مما يفضي إلى قدرتها على التكيف اللازم معها. ويعرف علم الاجتماع "المؤسسة" بأنها "المراكز والأدوار الرامية إلى أداء وظائف اجتماعية رئيسية". ويعرف "المركز" بأنه الوحدة الصغرى في البنية الاجتماعية البشرية. ويعرف "الدور" بأنه الطريقة التي بها يحدد المجتمع كيف يتصرف الفرد في مركز خاص. فالعشائرية والطائفية مثالان على المؤسسات. وإذا افتقرت تلك المؤسسات إلى هذه الصفة اتسم محتواها الفكري وأداؤها بالجمود. ومن شأن هذا الافتقار أن يعني أيضا ضعف تلك المؤسسات وتفككها وفقدانها للقدرة على التغير بما يتمشى مع تلك المستجدات المجدية للشعب المنضوي تحت لواء تلك المؤسسات. وبتخلف المؤسسة عن مسايرة تلك المستجدات وبعجزها عن هذه المسايرة يصبح أداؤها لوظيفتها متسما بالجمود. ونتيجة عن ذلك ينشأ استياء ونفور وبغض ورفض لدى الشعب الذي لديه اطلاع على الفوائد التي يمكن جنيها من تلك المستجدات الفكرية. وعدم مسايرة المؤسسة للمستجدات الفكرية المجدية قد يعرضها للانتقاد والتحدي والعمل من أجل تغييرها أو استبدالها. وتجر هذه الحالة المتوترة أو المتشنجة إلى انقسام الشعب بين الذين يحاربون المؤسسة والذين يريدون بقاءها لأسباب، منها انتفاعهم منها أو لأنهم يستمدون الطمأنينة النفسية من وجودها.

وفي الحالة التي يكون فيها مؤيدو بقاء المؤسسة أقوياء، وهي الحالة التي تسود في كثير من المجتمعات، يلجم هؤلاء المؤيدون أفواه المحاربين للمؤسسة ويبطشون بهم ويزجون بهم في السجن ويعذبونهم ويحرمونهم من موارد رزقهم، وذلك كله بذريعة أن المحاربين للمؤسسة متمردون على النظام العام في المجتمع وخارجون على "الإجماع القومي" أو "الإجماع الوطني" أو "الإجماع الإجتماعي" ومفسدون للاستقرار الاجتماعي المستتب.

هذه الحالة المروعة تزيد طبعا ابتعاد المجتمع عن النظام الديمقراطي وتقلل طبعا احتمال نشوء المجتمع المدني.

إن عبارات من قبيل الاحتكار والأحادية والإرسال دون التلقي لا بد من ان تؤدي إلى التوتر والخلاف مع الفئات المؤمنة والمنادية بالتعدد والتنوع والمشاركة والحرية. من هذا المنطلق لا يصح اعتقال الناس وإيذاؤهم على أي نحو من الأنحاء لمجرد أن فكرهم مختلف أو إيذاء المفكرين والأدباء والفلاسفة لمجرد أن نظرتهم مختلفة أو مخالفة. ولا يصح إغلاق الصحف والمجلات لأنها تحمل رسائل مختلفة، مثل رسالة الديمقراطية أو رسالة الثقافة الديمقراطية أو فكرة كبح أيادي المتولين للسلطات الحكومية وغير الحكومية أو فكرة التغيير. ولا يصح أن تحرم الدولة فئات من الدعم المالي الذي تقدمه لغيرها من الفئات لمجرد أن الفئات

الأولى ذات توجه مختلف أو مخالف. الدولة ينبغي أن تكون للجميع، دولة جميع مواطنيها، وليس فقط دولة الذين يؤيدون أصحاب السلطات الحكومية. الدولة التي لا تكون دولة جميع مواطنيها تكون دولة يعتورها النقص. منح الدولة لمساعدات لشرائح المجتمع ينبغي ألا يكون متوقفا على رضى أصحاب السلطات الحكومية.

من منظور الفكر ذي الاتجاه التقدمي والديمقراطي المستنير ينبغي ألا يسمح لشريحة واحدة من شرائح المجتمع أن تفعل بالمجتمع ما تشاء أو أن تقرر صورة مستقبله بدون مشاركة الشرائح الأخرى في تقرير صورة هذا المستقبل. ليس في وسع البشر أن يسمحوا لفئة واحدة أن تقرر لهم مصيرهم. في الحالة التي فيها تقرر مجموعة واحدة من مجموعات المجتمع مستقبله أو مصيره أو تحتكر اتخاذ القرار عن سائر جماعات المجتمع فإن من المهام الأولى للفكر الديمقراطي النقدي المبدع أن ينتقد ويستهجن ذلك وأن يبين البدائل الموجودة من ذلك.

وينتشر في أجزاء كثيرة من العالم، في البلدان النامية والمتقدمة النمو، الجو الفكري القمعي الأحادي الجانب الذي لا يترك هامشا لاحتمال خطأ وصواب أصحاب أفكار أخرى. إن عدم ترك هامش لاحتمال الخطأ قد يكون ناجما عن ثقة الفرد المطلقة أو الثقة المطلقة من جانب فئة بصحة أفكارها وبخطأ أفكار فئات أخرى.

وتجلى هذا القمع في بلدان في العالم النامي في تخوين عدد لا يستهان به من المثقفين والتهجم غير الموضوعي والشتم وتصويب أصابع الإتهام والإدانة والتسفيه والإقصاء.

وينال القمع الفكري من النمو والإبداع الفكريين. ولا يمكن أن تنشأ وتزدهر الديمقراطية في مجتمع فيه يمارس القمع الفكري وتعتقد فئة بأن معرفة الحقيقة مقصورة عليها وبأن لديها الإجابات الوافية عن كل الأسئلة وبأن لديها حلولا لكل المشاكل وبأن الفئات الأخرى مخطئة، مجتمع لا يسمح للناس بأن يناقشوا آراء أي فئة من الفئات.

وتعزى هذه الحالة المعضلة إلى أسباب من أهمها تركة القمع والقهر الفكريين، وتعرض البلدان النامية لتأثيرات أجنبية عديدة وذات آثار متفاوتة، ما أسهم إسهاما كبيرا في نشوء احتقانات وتشنجات فكرية، وفي نشوء حالة تتعزز فيها التأثيرات التي تستلهم اعتبارات تولي الحكم ومواصلته واعتبارات المصالح الأجنبية على حساب التأثيرات الفكرية المعززة للاتجاه الديمقراطي ولتعدد مصادر الخطاب.

الجدب الفكري والتسلط الحكومي

على الرغم من أن حصاد المئة سنة المنصرمة ليس كافيا – ومن الصعب تحديد معنى كلمة "الكفاية" نظرا إلى دخول عوامل ذاتية، فضلا عن العوامل الموضوعية، في تحديدها - في قطاعات رئيسية من التجربة الفكرية والحضارية العربية – قطاعات من قبيل الكتابات الفلسفية وترسيخ مفهوم دولة المواطنين وليس دولة الرعايا وترسيخ تقيد السلطة الحكومية بقيود لا يصح تعديها وإطلاق الحرية الفكرية - فإن من الخطأ الجسيم والسخف الكبير القول إنه يوجد عقم فكري عربي. الدماغ العربي خلاق ومبدع، وتتجلى إبداعاته، ونحن نتكلم عن القرنين الماضيين، فيما تتجلى فيه في انتاج الفكر القومي والاجتماعي والإنساني ونشوء الحركات السياسية والاجتماعية المناهضة للحكم الأجنبي وكتابة الآلاف من القصص ودواوين الشعر ومجلدات النثر التي بلغت مستوى عالميا.

وتقوم عوامل تضعف أو تقتل الإبداع الفكري والحضاري في أرجاء من المعمورة. وفي الوطن العربي من العوامل التي تضعف أو تقتل الإبداع الفكري التسلط والاستبداد الحكوميان والطغيان الحكومي والتسلط والطغيان والاستبداد على صعيد السلطة الاجتماعية. إن لسعة أو ضيق جو الحرية الفكرية أثره في تحديد مضامين كتابات الكتاب وفي تحديد قوة أو ضعف لهجة الإعراب عن تلك المضامين.

وفي إيجاد هذا الجو تسهم عوامل، من أهمها تقاليد الإعراب بحرية عن الفكر ودور الذين يمسكون بمقاليد السلطة الحكومية وغير الحكومية في تشجيع أو كبح الحرية الفكرية.

وفي الحقيقة أن من الممكن القيام بالعطاء والإبداع الفكريين رغم عدم توفر قدر كاف من الديمقراطية. ويمكن الإتيان بالفكر المبدع دون توفر الحرية الفكرية التامة.

ولا يمكن التحقيق التام لمفهوم من المفاهيم لأن المفهوم بطبيعته حالة فكرية مثالية، ما يعني عدم إمكان تحقيقه التام. وذلك ينطبق طبعا على الديمقراطية والحرية في أي بلد من البلدان. بيد أن الفكر يزداد تعززا بوجود قدر أكبر من الديمقراطية والحرية الفكرية.

ويمكن أن يكون غياب قدر أكبر من تحقيق مفهوم من المفاهيم محفزا على زيادة قدر تحقيقه. فعدم تحقيق قدر أكبر من الحرية الفكرية يمكن أن يكون محفزا عل مزيد من العطاء الفكري.

ويؤدي العلم دورا متفاوت الأهمية في الرؤية والحياة لدى كل الشعوب، ويبدو أن ذلك الدور أقل كثيرا في الرؤية والحياة العربيتين. وإذ نقول ذلك فإننا لا نأتي بشيء جديد. ولقلة دور العلم في الحياة العربية أسباب كثيرة ونشيطة ومتداخلة. ومن هذه الأسباب قدر أكبر من الجمود والانغلاق الفكريين، وقيام مؤسسات منتفعة من الحالة القائمة تقلل التأكيد على أهمية دور العلم أو لا تحفز بما فيه الكفاية عليه، ومنها السلطة الحكومية وغير الحكومية والنظام الذكوري الأبوي والنظام التربوي التلقيني المؤكد على الاستظهار، وإهمال التنشئة على التفكير المستقل المبدع ومعاداة الفكر الفلسفي أو عدم إيلائه ما يستحقه من الاعتبار، والدور الكبير الذي تؤديه العشائرية والطائفية في قطاعات من الشعوب العربية، وعدم استعمال الاجتهاد على نحو كاف، وانعدام الجرأة لدى كثيرين من المسلمين على الإشارة إلى سوء فهم المسلمين لروح القرآن الكريم والسنة النبوية الصحيحة وإلى سوء فهم مفاهيم من قبيل القضاء والقدر والعقاب ومسؤولية الإنسان عن أفعاله واستخلاف الله للإنسان على الأرض والنزعة الاتكالية، والتأثير

السلبي الذي يمارسه الفكر الساكن وقلة حضور الفكر النشيط النقدي، والغزو الثقافي الغربي الذي يشوش أو يقطع عملية التطور الطبيعي السلس إلى حد ما للفكر.

ولمدى الاستفادة من نتائج البحوث الاجتماعية (بالمعنى الأشمل، أي البحوث السياسية والثقافية والاقتصادية والنفسية) في رسم السياسة علاقة بطبيعة النظام السياسي. فكلما زادت أهمية تولي السلطة الحكومية وغير الحكومية ومواصلة هذا التولي وزادت أهمية هذين الاعتبارين في صنع السياسة وتنفيذها قلت أهمية نتائج البحوث الاجتماعية في عملية الصنع والتنفيذ هذه.

والواقع هو أن اعتباري تولي السلطة ومواصلته قائمان في كل النظم السياسية على وجه المعمورة. وتختلف النظم بعضها عن بعض في مدى الأهمية التي تولى لهما. ونظرا إلى هذه الحالة تكون مراعاة نتائج البحوث مقيدة بوجود هذين الاعتبارين. ولذلك ينبغي ألا يُتوقع أن تأخذ سلطات حكومية وغير حكومية بنتائج هذه البحوث، مهملة اعتبارات تولي السلطة ومواصلتها. وعلى الرغم من ذلك، لا بد من أن يوجد هامش في وضع السياسة الحكومية تراعي السلطات الحكومية فيه إلى حد معين نتائج البحوث ويكون ذلك الحد عدم المساس بأهمية أو بأولوية الاعتبارين المذكورين.

والهيئات الحكومية، بحكم تملكها لوسائل التأثير والإكراه، قادرة في النظم الديمقراطية وغير الديمقراطية، وخصوصا في النظم غير الديمقراطية، على التدخل في مختلف مجالات حياة البشر، وعلى توجيه نشاطات المجتمع الوجهة التي تريدها، وعلى وضع ترتيبات الأولويات في ادارة شؤون المجتمع والشعب والدولة، وأحيانا على انتهاك القوانين والأعراف والنيل من العادات والتقاليد المرعية. والهيئات الحكومية تقوم بذلك مندفعة بدوافع من أهمها المحافظة على مصالحها ومنها مصلحة ممارسة السلطة ومواصلتها.

الرقابة على الذات والتعبير عن الرأي

على الساحة العربية ثمة الرقابة الذاتية، أو الرقابة على الذات. وللرقابة على الذات بواعث وأسباب سياسية وخلقية واجتماعية. ومنها التنشئة على الحذر أو الخوف، وأحيانا المغالاة في الحذر، وهي التنشئة التي تنشأ الشعوب النامية عليها، وغلو السلطات الرسمية وغير الرسمية في إنزال العقاب بمن يتجاوزون حدود النطاق المسموح به للإعراب عن التقييم والنقد والتصحيح، وباعث العادة الفكرية المتمثلة في أن يعتاد المرء على مراقبة ذاته. وأحيانا يكون تقدير المرء لقوة هذه البواعث مبالغا فيه، بمعنى أن هذه البواعث لا تستحق القدر الكبير من الرقابة على الذات الذي يبديه المرء.

وأحيانا تبلغ الرقابة على الذات حدا تصبح تلك الرقابة عنده، بسبب شدتها وصرامتها، مثارا للسخرية ونوعا من السخف. ومن الأمثلة على ذلك أن يبث مضيفُ برنامج شريطا عن ألوان أكياس التبضع بينما يتجاهل ذلك المضيف الصراعَ المحتدم بين الأهالي في المدن وحتى في الشوارع الواقعة على مقربة من محطة التلفزيون التي تبث ذلك الشريط. ويتجاهل ذلك المضيف أيضا الصراعات الناشبة طوال عشرات السنين في أفريقيا وأمريكا اللاتينية وجنوب غرب آسيا وجنوب شرق آسيا.

وثمة مجال يختلف ضيقا أو سعة يسمح فيه المسؤولون بعدم ممارسة الرقابة فيه. إنه حيز ما كان يغضب المسؤولين عدمُ ممارسة الرقابة على الذات فيه. بيد أن الذين يمارسون الرقابة على ذواتهم كان في تقديرهم خطأ أن أولئكم المسؤولين كانوا يودون أن تمارس الرقابة فيه. هذه الرقابة هي من قبيل الرقابة التي لعل الناس ما كانوا يلزمون أنفسهم بها لو عرفوا أن عدم ممارستهم لها في هذا الحيز ما كان سيغضب المسؤولين.

ونظرا إلى أن أغلبية أصحاب السلطة الرسمية معنية، في المقام الأول، بالحفاظ على مواصلة تولي السلطة، لا تلتفت تلك الأغلبية أو لا تلتفت بما فيه الكفاية إلى الأهمية الاستراتيجية لرفع سقف الحوار السياسي والاستراتيجي والاقتصادي والثقافي والفكري والفلسفي على المحطات الفضائية وغيرها من وسائط الإتصال الجماهيري.

وليس من السليم، من منظور زيادة المعرفة وإذكاء الوعي، أن تكون بعض الاعتبارات، من قبيل إرساء العلاقات الطبيعية مع دول غير صديقة وتلبية رغبات جامحة وغير متزنة لأطراف أجنبية بغية استرضائها، سببا في تخفيض سقف ذلك الحوار وعرقلة الانسياب الفكري. ما نشهده اليوم على الساحة العالمية المتوترة والحافلة بالمنازعات والأزمات أن اعتبارات كهذه تسهم في إضعاف الانسياب الفكري وفي الحيلولة دون رفع سقف الحوار السياسي والوطني والفكري.

وأحد الأسئلة الذي يجب أن نتناوله هو: أين تكون تلك الاعتبارات أشد فعالية: في البلدان النامية أم البلدان المتقدمة النمو؟ بلدان الجنوب أم بلدان الشمال؟ ويمكن تقليل أثر تلك الاعتبارات بوسائل منها رفع الوعي لدى الناس، والتنشئة على احتمال الاختلاف الفكري.

وللتقريب بين مواقف أصحاب السلطات الرسمية وأفراد الشعب ولتيسير الالتقاء الفكري بين قطاعات الشعب كافة وللخوض في مواضيع يتهرب المتولون للسلطة من الخوض فيها من اللازم أن تنفق وسائط الاتصال الجماهيري وقتا أطول على التنشئة على إجراء الحوار

بين العرب أفرادا وجماعات وشعوبا ودولا، وأن تخصص وقتا أقل كثيرا لبرامج أقل أهمية مثل بعض المسلسلات التلفزيونية الغربية التافهة الساقطة الساعية إلى تحقيق الربح المادي.

ولتقليل الرقابة على الذات ولإشاعة قدر أكبر من حرية الإعراب عن الرأي من اللازم أن توجد في الوطن العربي هيئات تمارس قدرا أكبر من الحرية وتشجع على التخلص من رقابة المفكر أو المثقف على ذاته. ويمكن للمحطات الفضائية العربية أن تؤدي دورا ذا شأن في هذا المضمار. والسلطات الحكومية هي أحد الأسباب الرئيسية في إخفاق قسم كبير من تلك المحطات في النهوض بالقضاء على الرقابة الذاتية. ويتفاوت أثر المحطات الفضائية العربية في تحقيق غرض القضاء على الغلو في الرقابة على الذات.

أسلوب التنشئة الإملائي

للتنشئة طرق أو أساليب. يمكن لأسلوب من أساليب التنشئة أن ينشئ على الشعور بالكرامة الإنسانية وعلى ممارسة الحرية والابتكار والتفكير المستقل. ويمكن لأسلوب آخر أن يعيق نشوء هذه الصفات أو أن يحول دون نشوئها. يسمى أسلوب التنشئة هذا بالأسلوب غير الديمقراطي. وفقا لأسلوب التنشئة هذا تُولَى السن الأهمية الكبرى ويعتقد بأن الصواب والحكمة هما قرينا السن أو بأنهما مقصوران على المسنين وبأن الرجل أكثر فهما ورشدا من المرأة وبأنه تجب طاعة المسنين في المجتمع ليس لصحة ما ينطقون به ولكن إجلالا لهم في سنهم، وبأنه ينبغي للطلاب أن يقبلوا ما يقوله المعلم قبولا تاما وسريعا دون مناقشة باعتباره حقيقة أكيدة لا يرقى إليها الريب، وبأنه يحق للمعلم أن يعاقب الطلاب بالعنف دون مساءلة وبإفلات من العقاب. من شأن هذا الأسلوب أن يسهم إسهاما كبيرا في تنشئة شخص مطيع ومجامل وقابل لما يسمعه ومستسلما وراضخا ومنفذا لما يؤمر به وسهل الانقياد دون تقليب للأمور ودون إجالة للنظر في الأوجه الإيجابية والسلبية للأمور.

ووفقا للنحو الذي يولد به هذا الأسلوب من التنشئة لا تتاح للشباب الفرصة لأن يعربوا عن أفكارهم ومواقفهم وعواطفهم ولأن يحققوا إمكانهم وشخصياتهم، ولا يحق لهم أن يناقشوا أصحاب السلطة الرسمية وغير الرسمية.

ووفقا للثقافة التي يوجدها هذا الأسلوب من التنشئة يتولى السلطةَ القانونية والسياسية والأدبية الأشخاصُ الأقوى والأعلى هرميا في البنية الاجتماعية الأوسع حتى لو كان العيب يعتور كلامَهم وفعالهم.

وبسبب الطبيعة الآمرة والتقييدية لثقافة هذا الأسلوب من التنشئة يُرجح ترجيحا قويا أن يعتبر الاختلاف خلافا أو خصومة أو عداء أو تمردا أو مروقا، وتعتبر المناقشة أو المجادلة أو الجرأة الفكرية في الإعراب عن الرأي والموقف وقاحة أو سوء تربية أو انحرافا، ما قد يؤدي إلى معاقبة المناقش وإهانته وسجنه، ويعتبر المطيع "دمثا" أو "مؤدبا" أو "مهذبا".

ولدى الذين نشئوا هذه التنشئة ميل إلى عدم التغيير وإلى تفضيل القديم على الجديد ولديهم تخوف من غير المألوف ومن اكتشاف المجهول.

في أسلوب التنشئة التقليدي هذا العلاقة علاقة هرمية ذات اتجاه واحد من أعلى إلى أسفل. في هذه العلاقة يكون في العلاقة طرفان: الطرف المرسِل والطرف المتلقي. الطرف المرسِل لا يكون متلقيا والطرف المتلقي لا يكون مرسِلا. في هذه العلاقة يكون المرسل الرجل أو الشخص الأقوى أو الأكثر ثراء، ويكون الطرف المتلقي الشخص الأضعف أو الأكثر فقرا أو المرأة.

إخضاع المرأة في العالم وكيفية إضعافه

النساء في العالم أجمع يعانين من الإخضاع. وتختلف البلدان والثقافات بعضها عن بعض في مدى شدة هذا الإخضاع وفي مدى قبوله لدى أفراد الشعب من الرجال والنساء. وفي كل المجتمعات أنشئت آليات نفسية واجتماعية واقتصادية يحقق بها إخضاع الرجال للنساء. وطيلة قرون كثيرة حققت هذه الآليات النجاح في أدائها لوظيفة التحكم هذه. وتشير أحداث التاريخ إلى أن قبول قسم من النساء للإخضاع أو استكانتهن له أو لامبالاتهن به أو تعاونهن مع المستعملين لهذه الآليات أسهم في نجاح هذه الآليات. اعتقد قسم منهن، على الأقل، بأن من تدبير خالقهن أن يكن خاضعات وبأن القيادة الدينية والسياسية والاقتصادية ليست مناسبة لهن. وأمل النساء الحوامل في أن ينجبن أطفالا ذكورا، مفضلات لهم على الطفلات الإناث، هو انعكاس لقبولهن بالخضوع للرجال.

من الواضح أن ثمة اختلافات بيولوجية بين الرجال والنساء يترتب عليها الاختلاف في الوظائف التي يؤديها كل من الرجال والنساء. من الواضح أن للرجال مجالات خاصة بهم وأن للنساء مجالات خاصة بهن وأن ثمة مجالات يمكن للرجال وللنساء أن يدخلوها وأن يمارسوا فيها نشاطاتهم. وثمة مسألة تستحق الدراسة الجادة وهي هل هذا الاختلاف البيولوجي يستلزم موضوعيا إخضاع الرجال للنساء.

يبدو من الواضح أن الوضع المتدني للنساء ليس نتيجة إدامة الرجال لذلك فقط. تقوم النساء، برغبة وتحمس أحيانا، في بعض المجتمعات، من قبيل المجتمعات القبلية، بتعليم أبنائهن أن يكونوا رجالا "حقيقيين" وبتعليم بناتهن أن يعجبن بأولئك الرجال.

ومدى توق النساء الى الانعتاق يتوقف على عوامل منها مستوى ثقافتهن ووعيهن. إن بنى الهيمنة الهرمية تسهم في إقامة النظام الاجتماعي وفي الإبقاء عليه. وهذا النظام تفضله مجتمعات على الفوضى والشك. في هذه البنى للمرأة وضع ومنزلة أدنى من وضع الرجل ومنزلته ووضع خاضع لوضع الرجل. وفي المجتمعات التقليدية إسهام النساء في خضوعهن أكبر من إسهامهن في هذا الخضوع في المجتمعات غير التقليدية، وذلك نظرا إلى أن النساء في المجتمعات التقليدية أقل أثرا في فعل شيء لتغيير حالتهن وإلى أنهن أقل قوة في التصدي لقيام الرجال بحملهن على الانصياع لرغباتهم. في مجتمع خاضع للنظام وحسن التكييف الثقافي لبيئته فإن النساء مكيفات اجتماعيا تكييفا صحيحا.

في المجتمعات القبلية التباين الجنسي كبير نسبيا، والاحتجاج على هذا التباين قليل. ومهما يكن الأمر فإن عددا متزايدا من النساء في مجتمعات أقل تقليدا يحتجّ على التفرقة الجنسية وعلى وضعهن الخاضع.

ويأتي قدر كبير من هذه المعارضة من السكان المنتمين إلى طبقات اجتماعية مختلفة وذوي صفات مغايرة: مجتمعات يكون فيها لنشر الإشاعات والانغماس في القيل والقال والكشف عن الأسرار الشخصية والوقائع المثيرة والمقدسات والمحرمات دور أقل نسبيا في التحكم الاجتماعي. وفي المجتمعات الأكثر تعقّدا لا حاجة بالضرورة لدى النساء إلى الشعور بأنهن محرومات على نحو ظالم لأن أغلبيتهن هنا أيضا كما هو الحال في المجتمعات القبلية قد يكن داعمات للوضع الاجتماعي القائم دعما تاما أو شبه تام أو كبير على الرغم من وضعهن الأخفض.

وعلى الرغم من الاستياء الجنسي لدى النساء في المجتمعات الأكثر تعقدا فإن البنى الهرمية الجنسية لا تزال باقية في المجتمعات التي قطعت شوطا طويلا على طريق النهضة. لقد اكتسبت النساء في الولايات المتحدة، مثلا، حقوقا خلال العقود القليلة المنصرمة، بيد أن قسما لا يستهان به من الأمريكيين لا يزال يجد تبريرا للتمييز الجنسي. ولا يزال كثيرون من الأمريكيين يعتقدون بأن من المناسب أن يبقى الاقتصاد تحت سيطرة الرجال. وعلى الرغم من أن عدد المجالات المقصورة على الذكور، من قبيل فرق رياضية ومحافل ونواد، قل إلى حد كبير في السنوات القليلة الماضية، فإن عددا كبيرا منها باق على حالته، وهو يلقى تأييدا عاما. ولا تزال الصور العقلية والفكرية الثابتة عن وضع المرأة منتشرة انتشارا واسعا في الولايات المتحدة، ولا يزال الكيل بمكيالين شائعا، ويبدو أن التفكه والسخرية القائمين على نوع الجنس لا يزالان منتشرين.

وعلى الرغم من أن استطلاعات الرأي في الولايات المتحدة قد أشارت إلى أن أكثر من نصف النساء في هذا البلد يعتبرن أنفسهن من الداعيات إلى إعطاء مزيد من الحقوق والمهام للنساء فإن أشد أهداف الحركة النسائية طموحا لم يحقق. ويبدو أن العادات والمعتقدات التي تحرم النساء من اغتنام الفرص في أمريكا ستبقى محل تشكيك من جانب البعض . ونظرا إلى أن تقسيم العمل على أساس نوع الجنس يتضمن على نحو متزايد المفارقة التاريخية بالنسبة الى المجتمع المتقدم تكنولوجيا فإنه يمكن أن نتوقع أن الجهود التي تبذل للإبقاء على امتيازات حصرية لكل من الجنسين ستكون محل اعتراض.

والمجتمعات القبلية في حاجة إلى الاعتماد على نظام للمكانة (المنزلة) للمحافظة على بنية اجتماعية منتظمة. والسكان القبليون ليسوا في خطر لدى توزيع الأدوار الاقتصادية حسب الجنس تماما لأن عدم إقامة هذا التوزيع على أساس الأهلية والنزعة الفرديتين ليس له أهمية تستحق الذكر نظرا إلى أن الاقتصاد يتطلب مجموعة قليلة من المهام. بيد أنه في المجتمع الصناعي الحديث حيث التخصص العالي المهارة ضروري فإن اختيار المرشحين لشغل تلك المناصب من مجموعة محدودة من المواهب، من نصف السكان البالغين فقط، يضع ذلك المجتمع في وضع غير مؤات إذا تعين على ذلك المجتمع أن ينافس شعوبا أخرى لا تعيق أنفسها على هذا النحو. وإن المجتمعات المتطورة التي تمجد إتاحة الفرصة وتحقيق الإنجاز والتمتع بالمساواة لا بد من أن تواجه صعوبة إذا أنكرت هذه القيم على النساء. ومن شأن ذلك الإنكار تقييد قدرة النساء على تحقيق النجاح الذي يرغبن فيه والذي يتطلبه اقتصاد تلك المجتمعات.

ونظرا إلى أن الرجال مسيطرون سياسيا في جميع المجتمعات البشرية فليس مما يبعث على الدهشة أن عددا كبيرا من الدارسين استنتجوا بأن الطبيعة البشرية، وليست التنشئة، جعلت من الضروري هذا التفاوت بين الجنسين. وعلى الرغم من الإقرار بدور الطبيعة البشرية في إيجاد التفاوت الجنسي وبحتمية وجود هذا الدور فإن للتنشئة إسهاما في تقوية أو إضعاف ذلك التفاوت. ومن الضروري معرفة كيفية إبقاء النساء في وضعهن مدة طويلة إذا أريد تحقيق بعض النجاح في محاولات مكافحة التفاوت الجنسي. وكما أن المعالجة الطبية الأشد أثرا تقوم على التشخيص السببي الصحيح للداء فإن جهود الإصلاح الاجتماعي يجب أن تأخذ في الحسبان طبيعة ما نريد أن نغيره. ومن شأن معرفة الطرق التي يستعمل المجتمع بها الوسائل الثقافية لإدامة التهيئة الاجتماعية المميزة للأولاد والبنات أن تجعل أفراد المجتمع على استعداد أكبر لإعادة تصميم تلك العملية لتقوية المساواة بين الجنسين. وبالمثل من شأن الوعي بالممارسات الاعتيادية التي تشجع النساء على الإذعان أن يوجد لدينا قوة كبرى على تغيير تلك العادات.

ولفهم كيفية إبقاء النساء في وضعهن ولمعرفة مدى ذلك الإبقاء من المهم أن نفهم كيفية تحقيق مجتمعات لاستقرار التفاوت.

وقبل أن يكون في إمكان ذلك كله أن يجعل من الممكن استئصال أو إضعاف سيطرة الذكور ينبغي أن نعرف أولا سبب مواصلة المجتمع لإنكار المساواة في الفرص على النساء لأن من غير المحتمل أن المجتمع لا يفعل ذلك إلا نتيجة عن الجمود الثقافي. من الممكن أن للتفاوت وظيفة اجتماعية بطرق قد لا يجري فهمها التام.

وإذا أريد أن تحقق النساء المساواة – بقدر ما تسمح الاختلافات البيولوجية بذلك - وإذا أمكن تحقيق هذا التغيير الجوهري فإن ذلك يتطلب ما يتجاوز تعديل الحقوق المتساوية أو التغيير التدريجي لقوانين التفرقة. ونظرا إلى أن العادات الممارسة منذ وقت طويل التي تشجع التفاوت متأصلة في الثقافة البشرية فإن مساواة الجنسين لن تحقق حتى نتصدى لحقيقة أن التفاوت نتاج مواقفنا وسلوكنا. ولا يمكن طرح أو إضعاف هذا الأثر من آثار تركتنا القبلية إلا حينئذ.

دور أكبر للطائرات المروحية في حروب إسرائيل المحتملة

وُجِّهت تحذيرات من مصادر داخل سلاح الجو الإسرائيلي من أنه إذا شُنّت حرب أو حملة برية أوسع نطاقا من العمليات العدائية الإسرائيلية في قطاع غزة فلن يستطيع سلاح الجو الاسرائيلي، نظرا إلى حجم تشكيلة الطائرات المروحية القتالية وإلى تأكل تلك الطائرات بسبب سعة نطاق العمليات العدائية، أن يوفر الدعم للقوات البرية على نفس مستوى الدعم الذي وُفِّر خلال الحرب في قطاع غزة. قال ضابط رفيع المستوى في سلاح الجو الإسرائيلي، أدى مهام رئيسية في العمليات العدائية في قطاع غزة، "لقد استعددنا للحملة وقتا طويلا. عرفنا ما سيحدث. ولكن حماس هذا ليس حزب الله وهو يقينا ليس سورية. من الممنوع الافتراض بأن الأمور في حرب كبيرة ستكون مماثلة". ينم هذا البيان عن أن ثمة ضباطا رفيعي المستوى في الجيش الإسرائيلي يعتقدون بأن من المحتمل أن تنشب مواجهات دامية واسعة النطاق على جبهة عربية أو أكثر غير جبهة قطاع غزة.

كجزء من دروس الحرب اللبنانية الثانية في تدريبات الوحدات في الجيش الإسرائيلي وُسِّع نطاق التدريبات على القيام بالتعاون بين الذراع البرية وسلاح الجو الإسرائيليين، ونُشر ضباط الدعم الجوي في جميع الكتائب والألوية التي كانت عاملة في العمليات العدائية. وفي سير العمليات شاركت وسائط الطيران لسلاح الجو في هجمات من الجو وفي إخلاء الجرحى والمراقبة. شاركت الطائرات المقاتلة وحدها في ما لا يقل عن 1500 غارة قذف، ويقول مسؤولون في سلاح الجو إن ذلك في الواقع ليس سوى جزء صغير من قدراته.

وإلى كل من الألوية التي قامت بالعمليات في قطاع غزة خُصِّص سرب طائرات مروحية مقاتلة هاجمت من الجو أهدافا على الأرض. وخلال سير العمليات استعملت الطائرات المروحية ذخيرة كثيرة وأطلقت أكثر من ألف قذيفة وصاروخ من طرازي هيل فاير وعوريف.

بيد أنه، نظرا إلى عبء المهام، لم تكن دائما الطائرات المروحية المقاتلة في متناول اليد لتقديم الدعم إلى الوحدات. ولإتاحة عدد يفي بالغرض من الطائرات المروحية المقاتلة، اضطر المسؤولون في سلاح الجو إلى إعادة إعداد طائرات "الأفعى السامة" (الكوبرا) المروحية للقيام بمهام العمليات بعد أن جُعِلت قبل أشهر تحطّ على الأرض في أعقاب حادث أودى بحياة عدد من فريق جوي.

وقال ذلك الضابط الرفيع المستوى: "لا نستطيع أن نقدم الدعم على مستوى عال في حملة أو حرب تشارك فيها ألوية كثيرة من قوات الاحتياط". أكد غابي أشكنازي، رئيس هيئة أركان الجيش الإسرائيلي، قبل بضعة أيام، الحصولَ على أربع طائرات مروحية جديدة من طراز أباتشي-لونغ بو، ولكن يشير مسؤولون في سلاح الجو إلى ما يصفونه النقص في الطائرات المروحية المقاتلة، ويقولون إن العدد اللازم توفره ليكون من الممكن تقديم الدعم إلى القوات الأرضية أكبر كثيرا.

سياسة غموض المركز النووي الإسرائيلية: الدوافع والأهداف

تقديم

تتوفر منذ زمن طويل الأدلة القاطعة على أن إسرائيل تحوز ترسانة كبيرة ومتنامية من الأسلحة غير التقليدية، ومنها الأسلحة النووية. (1) وعلى الرغم من هذه الحيازة اتبعت الحكومات الإسرائيلية المتتالية منذ أواخر الخمسينيات من القرن العشرين سياسة غموض المركز النووي فيما يتعلق بطبيعة وأهداف برنامجها النووي وبحيازة الأسلحة النووية. وهذه السياسة مبنية على مزيج من العناصر الخفية والعلنية والمعروفة كليا أو جزئيا والمجهولة المتعلقة بموضوع حيازة هذه الأسلحة.

وعلى الرغم من اتباع هذه السياسة فإن ذلك لا يعني أنها كانت ناجحة، أو أنها إذا كانت غامضة في البداية فإنها بقيت كذلك. لعل هذه السياسة كانت ناجحة في السنوات الأولى من اتباعها، أي في أواخر الخمسينيات وأوائل الستينيات من القرن الماضي. فإن كانت ناجحة فإن غموض المركز النووي أزيل منذ الثمانينيات من القرن الماضي إزالة تدريجية، وزادت أهداف البرنامج النووي الإسرائيلي وضوحا. فالدراسات التي تتناول الأنشطة العسكرية النووية الإسرائيلية والمعلومات المتزايدة من مصادر أمريكية وأوروبية عن هذه الأنشطة وزيادة الوعي العربي وغير العربي بحقيقة إقامة إسرائيل لبنية أساسية نووية وبحقيقة إنتاجها لأسلحة نووية وحيازتها لترسانة متنامية من هذه الأسلحة أزالت بمرور الوقت غموض المركز النووي الإسرائيلي.

ليس ذلك فحسب، بل اعترف أيضا قبل سنوات مسؤولون إسرائيليون بهذه الحيازة، وذلك كما يتجلى في التصريحات التي صدرت خلال السنوات المنصرمة عن أوساط حكومية إسرائيلية. ومن الأمثلة التي حدثت مؤخرا على ذلك ما ورد في مقابلة أجرتها قي 11 كانون الأول/ديسمبر 2006 شبكة التلفزيون الألمانية "سات 1" مع إهود أولمرت، رئيس الحكومة الإسرائيلية. في تلك المقابلة أدلى أولمرت ببيان بدا فيه أنه يدرج إسرائيل في قائمة الدول الحائزة لأسلحة نووية، وهو بيان وصفه مكتبه بأنه خطأ غير مقصود في الترجمة. (2) واعتراف هذه الأوساط بهذه الحيازة يعني أن اعتبارات إزاحة النقاب عن هذه الحيازة بالنسبة إلى هذه الأوساط لها الغلبة على اعتبارات مواصلة اتباع سياسة غموض المركز النووي.

والعرض والتحليل الواردان في هذا المقال يتعلقان بالسياق النووي الإسرائيلي قبل صدور التصريحات الإسرائيلية بحيازة أسلحة نووية، أي يتعلقان بسياق انتهاج الحكومات الإسرائيلية لسياسة غموض المركز النووي.

إن البيانات الحكومية الإسرائيلية المتعلقة بموضوع حيازة الأسلحة النووية نبعت من سياسة غموض المركز النووي هذه. وفقا لهذه السياسة نفى المسؤولون في الحكومة الإسرائيلية أن إسرائيل تحوز أسلحة نووية ولكنهم اعترفوا أيضا بأن لديها القدرة على الإنتاج السريع لهذه الأسلحة، مؤكدين بذلك الشكوك في أن هذه الأسلحة موجودة بالفعل.

وفي إطار سياسة غموض المركز النووي هذه استعملت حكومة إسرائيل صيغا قليلة غامضة مفادها أن لديها خيارا نوويا وأنها "لن تكون البلد الأول الذي يقوم بإدخال الأسلحة النووية في الشرق الأوسط"، كما صرح ليفي اشكول، رئيس الحكومة الأسبق وغيره (3)، وأن إسرائيل "لم تبدأ ولن تبدأ في إدخال أسحلة نووية أو أي نوع من الأسلحة الجديدة في الشرق

الأوسط، تقليدية أو غير تقليدية". ولجعل العالم عارفا بأن لإسرائيل خيارا نوويا استخدم مسؤولون فيها النهج غير المباشر مثل القيام، على نحو رسمي أو غير رسمي، بتسريب معلومات ونشر إشاعات في وسائط الإعلام عن أنشطة إسرائيل النووية. ولعل المثال على ذلك ما تناقلته تقارير بأن مسؤولا في حكومة إسرائيل شجع سنة 1969 على نشر مقال في مجلة دير شبيغل ادعى بأنها تقوم بإنتاج أسلحة نووية.

وعندما كان ينشأ الانتباه القوي أكثر مما ينبغي في نظر المسؤولين الإسرائيليين إلى المعلومات والإشاعات عن القدرة النووية الإسرائيلية كان هؤلاء يقومون بمحاولات لتخفيف حدة أثرها بالإدلاء ببيانات تنفي صحة هذه الإشاعات نفيا غير أكيد وغير قاطع.

هذه الصيغة التي طرحها اشكول في أيار/مايو 1964 كررها حرفيا تقريبا منذ ذلك الوقت كثيرون من المسؤولين الحكوميين في إسرائيل. إن يغآل ألون، الذي كان أحد زعماء الحركة العمالية الصهيونية وقائدا كبيرا في الجيش الإسرائيلي ووزيرا في عدة وزارات إسرائيلية، ويتسحاق رابين، الذي كان رئيس هيئة أركان الجيش الإسرائيلي ووزيرا للدفاع ورئيسا للحكومة، على سبيل المثال، أدليا ببيانات مماثلة. (4) قي سنة 1968 حث مسؤولون في الحكومة الأمريكية رابين الذي كان في ذلك الوقت سفير إسرائيل لدى الولايات المتحدة على تفسير المعنى الحقيقي لهذه الصيغة المواربة. ووفقا لما ذكره ويليام كوانت، الخبير الأمريكي في شؤون الشرق الأوسط، أجاب رابين أنها تعني أن إسرائيل "لن تكون أول من يجري تجارب على أسلحة نووية قي الشرق الأوسط أو يكشف عن وجودها علانية. إنها لا تعني ... أن إسرائيل وعدت بألا تكون أول من يحوزها". (5) وأدلى أيضا المتكلم باسم الحكومة الإسرائيلية في الكنيست ببيان واضح بأنه "لا توجد أسلحة نووية في الشرق الأوسط وأن إسرائيل لن تكون أبدا أول مَنْ يدخلها". (6)

وبمرور الوقت تغيرت الصيغة الإسرائيلية المتعلقة بمركزها النووي. في كانون الأول/ديسمبر 1974 كرر رئيس الدولة أنئذ إفرايم كتسير وعدا سبق ذكره ب "عدم الإدخال الأول"، ولكنه أضاف قائلا إن إسرائيل "لديها القدرة" على بناء قنابل نووية وإنه يمكنها أن تفعل ذلك "خلال فترة معقولة من الوقت". (7) وفي أيلول/سبتمبر 1975 قال رابين، رئيس الوزراء في ذلك الوقت، إن إسرائيل "بلد غير نووي"، وكرر القول إنها "لن تكون أول من يدخل أسلحة نووية في المنطقة". ولكنه رفض القول إن إسرائيل ليست لديها أسلحة نووية. ومع ذلك قال إنه بعد "التسوية الشاملة" للصراع الدائر في الشرق الأوسط "فإننا سنوقع على أي اتفاق" يتعلق بمعاهدة عدم انتشار الأسلحة النووية. (8)

وفي وقت لاحق صرح مسؤولون في حكومة إسرائيل ب"أنها لن تكون أيضا ثاني من يدخل هذه الأسلحة". (9) في حزيران/يونيه 1981 قال موشيه دايان الذي كان وزيرا للدفاع والخارجية: "لن نكون أول من يدخل أسلحة نووية في الشرق الأوسط، ولكن نمتلك القدرة على إنتاج أسلحة نووية". ومضى دايان محذرا من أنه "إذا رغب العرب في إدخال أسلحة نووية في الشرق الأوسط عندئذ ينبغي لاسرائيل ألا تتخلف أكثر مما ينبغي عن امتلاك أسلحة نووية أيضا". (10)

وفي تشرين الأول/أكتوبر 1987 قال شمعون بيريز، وزير الخارجية في ذلك الوقت، إن إسرائيل ليست سادس دولة حائزة للأسلحة النووية في العالم. وقد أدلى بيريز بذلك البيان في أعقاب صدور تقديرات، في ضوء المعلومات التي وفرها الفني الاسرائيلي مردخاي فنونو، بأن إسرائيل سادس دولة حائزة للأسلحة النووية. (11)

وفي الواقع أن مفهوم "امتلاك" غامض بالتأكيد في السياق النووي، ومسألة الامتلاك يمكن أن تعتبر مسألة تعريف. وربما ليس من السهل معرفة المقصود بالبيانات بأن إسرائيل لن تكون أول من يدخل أسلحة نووية في الشرق الأوسط. وفي الحقيقة يمكن أن تفسر هذه البيانات بمختلف التفسيرات بأنها تعني أن إسرائيل لن تكون أول من "تقذف" أو "تنشر" أو "تجرب" أو "تنتج"، أو غيرها من المعاني. وفضلا عن ذلك، يمكن إنتاجها ووضعها في "الطابق الأسفل" – أي عدم إزاحة النقاب عن حقيقة إنتاجها – دون أن تعتبر أنها "أُدخلت".

وأيضا يمكن الاقتراب من إنتاج قنبلة نووية سرا، ويمكن تقصير وقت تحقيق الخيار النووي إلى الصفر تقريبا، أي البلوغ بالتطوير النووي إلى الحيازة الفعلية تقريبا لأسلحة نووية.

وعلاوة على ذلك، لقد أُدخلت فعلا أسلحة نووية في منطقة الشرق الأوسط على متن سفن الأسطول السادس التابع للولايات المتحدة وعلى متن السفن السوفياتية في البحر الأبيض المتوسط. فعلى سبيل المثال، في النصف الأول من كانون الثاني/يناير 1991 مرت سفينة أمريكية حاملة لأسلحة نووية في قناة السويس باتجاه البحر الأحمر.

وفضلا عن ذلك، فإن إجراء التجربة على جهاز نووي كان في الماضي يعتبر متطلبا فنيا لتحقيق حيازة أسلحة نووية. بيد أن إجراء التجربة لم يعد يعتبر شرطا ضروريا للامتلاك الفعلي لأسلحة نووية.

من ذلك كله نخلص إلى الاستنتاج بأن هذه الصيغة، صيغة أن إسرائيل لن تكون أول من يدخل أسلحة نووية في الشرق الأوسط، وغيرها من الصيغ المماثلة أو المشابهة، لا تكشف عن الكثير، وبأن من أغراضها توليد الغموض والشك فيما يتعلق بحيازة الأسلحة النووية. هذه الصيغة تندرج، لذلك، في إطار سياسة غموض المركز النووي.

دوافع وأهداف سياسة الغموض النووي

تخويف العرب

عندما كان مسؤولون في الحكومات الإسرائيلية يدلون ببيانات الغرض منها إبقاء ترويج الإشاعات والتقارير الغامضة وغير القاطعة عن القدرة النووية الإسرائيلية فإن ذلك الإدلاء يعني أن تلك الحكومات كانت تعتبر تلك الإشاعات والتقارير خادمة لدوافعها وأهدافها. وأحد هذه الدوافع والأهداف هو تخويف العرب. كما ذكر أعلاه، ولد غموض المركز النووي الشك في حيازة أو عدم حيازة إسرائيل لأسلحة نووية. وعن طريق الشك الذي دفعت إسرائيل العرب إلى العيش في ظله مدة من الزمن أرادت أن تدفعهم إلى اليأس من تحقيق أهدافهم السياسية والقومية ومن إعمال حقوقهم، وإلى الاستسلام وقبول شروط السلام الإسرائيلي التي لم يكن العرب يقبلونها.

إضعاف الحافز على حيازة العرب لأسلحة نووية

ثمة هدف آخر لسياسة غموض المركز النووي، وذلك الهدف هو إضعاف حافز دول عربية على محاولة حيازة أسلحة نووية. كان ذلك الحافز قائما، وقد أوجده الشك المتنامي ثم

اليقين تقريبا من حيازة إسرائيل لأسلحة نووية. وأوجد ذلك الحافز أيضا العداء بين إسرائيل والعالم العربي واحتلالها لأراضي دول عربية.

ويمكن للمرء أن يفترض بأن ذلك الحافز كان سيكون أكبر لو كانت إسرائيل أعلنت عن حيازتها لأسلحة نووية، ولو كانت عرضتها، متباهية ومتحدية للحس العربي. ومما يؤكد وجود هذه العلاقة ما ورد في مقابلة أجريت مع حافظ الأسد في كانون الثاني/يناير 1987. في تلك المقابلة بعد أن اعترف الرئيس السوري بأن مصادر مرتفعة المكانة تؤكد أن لدى إسرائيل القدرة على صناعة القنبلة النووية قال إن ذلك "يحفزنا طبعا على التفكير بعبارات فنية في مواجهة هذا التهديد". (12)

ومما له صلة هامة بهذا الموضوع ما كتبه بوتر:

"أغلبية عقبات الانتشار [النووي] في الحالة الإسرائيلية تنطبق على الامتلاك المكشوف للأسلحة النووية وليس على خيار نووي غامض، والرئيسية منها أخطار تحفيز خصوم إقليميين على تطوير قدراتهم النووية الخاصة بهم". (13)

ورأى البعض أن ثمة علاقة بين سياسة غموض المركز النووي التي اتبعتها إسرائيل وهجومها على المفاعل النووي العراقي في سنة 1981. أعرب ميلهولين عن الرأي في أن الحفاظ على هذا الغموض لعله كان السبب الحقيقي لهجوم إسرائيل على هذا المفاعل، وفي أن العراق لم يكن يهدد مركز إسرائيل العسكري كما كان يهدد قدرة إسرائيل على أن تبقى "غامضة". ورأى ميلهولين أن تحقيق العراق للغموض النووي كان من شأنه أن يتطلب أن تجري إسرائيل تجربة لأسلحة نووية وأن تنشرها من أجل الإبقاء على ميزتها النووية. وأعرب عن الرأي في أنه لاستبقاء إسرائيل لسياستها الحالية توجب عليها أن تبقى الدولة النووية الوحيدة في الشرق الأوسط. (14)

الردع عن طريق الشك

عن طريق اتباع سياسة غموض المركز النووي فيما يتعلق بحجم ترسانة إسرائيل من الأسلحة النووية وبدقتها وقدرتها على البقاء وعلى اختراق الأهداف رمت حكوماتها إلى تحقيق ردع العرب المخاصمين عن طريق الشك الذي قد يثير القلق. قامت هذه السياسة على الافتراض بأن وجود درجة من الشك فيما يتعلق بقوتها النووية من شأنه أن يجعل الحكومات العربية المعادية لإسرائيل أن تتوخى قدرا أكبر من الحذر في التعامل معها. ونظرا إلى التصور لدى بعض العرب لجرأة إسرائيل والتجائها إلى المباغتة وميلها القوي إلى التجديد التكنولوجي اعتقد المسؤولون الإسرائيليون بأن سياسة الغموض هذه تفيد في تحقيق الردع. ومما يؤكد هذا القصد بيان شمعون بيريز أمام الكنيست: "أنا أعرف أن هذا الشك [من جانب العرب] قوة رادعة. لماذا، إذن، يجب أن نهدئ هذه الشكوك، لماذا يجب أن ننورهم؟" (15)

سياسة غموض المركز النووي ورد فعل واشنطون وموسكو

وجد هدف أخر لسياسة غموض المركز النووي، وكان ذلك الهدف تجنب رد فعل الدولتين العظميين في ذلك الوقت الولايات المتحدة والاتحاد السوفياتي اللتين كانت لهما مصالح في الشرق الأوسط. عند الكلام عن سياسة الغموض هذه ليس المقصود أن هاتين الدولتين لم تكونا على علم بطبيعة الأنشطة النووية في إسرائيل. كانتا تعرفان طبيعة تلك الأنشطة معرفة كبيرة. كانتا تتستران على هذه الحيازة ولم تكونا تشيران إلى هذا الموضوع إلا بمقدار ما يتمشى مع سياستيهما. كانت إسرائيل تعرف أنه عن طريق عدم الكشف عن مركزها النووي الحقيقي، أي حيازتها لأسلحة نووية، كانت تجنبهما التصدي لتداعيات هذه الحيازة، وكان سيكون من هذه التداعيات، طبعا، ردة الفعل العربية والإسلامية والدولية المنددة بهذه الحيازة. وكان من المحتمل احتمالا كبيرا أن تكون ردة الفعل تلك متضمنة طلب تقديم ضمانات نووية لحماية هذه الدول غير الحائزة للأسلحة النووية، وهي ضمانات لعل الدولتين العظميين لم تكونا مستعدتين لتقديمها، أو نشوء السعي الحثيث لدى قسم من تلك الدول إلى حيازة تلك الأسلحة على نحو من الأنحاء.

وتسترت الولايات المتحدة، ولا تزال تتستر، على حيازة إسرائبل للأسلحة النووية لأنها تراعي مراعاة عملية وحقيقية موقف إسرائيل حليفتها وصديقتها التي تمارس النفوذ الأكبر في سياسة واشنطون والتي تخدم المصالح الإستراتيجية في منطقة الشرق الأوسط وشمال أفريقيا.

سياسة غموض المركز النووي والفائدة الاقتصادية من الولايات المتحدة

باتباع سياسة غموض المركز النووي رمى واضعو السياسة في إسرائيل إلى تحقيق فوائد اقتصادية. يبدو أن الفوائد الاقتصادية المجنية من الإبقاء على قدر من غموض المركز النووي تجاوزت في نظر أولئك الفوائد العسكرية من وضوح المركز النووي. ونظرا إلى أن معظم المراقبين يتفقون على أن حيازة أسلحة نووية تفترض مسبقا وجود مستوى معين من الثروة الاقتصادية فإن المسؤولين في الحكومة الإسرائيلية لعلهم كانوا يخشون من أن تأكيدهم على حيازتهم لهذه الأسلحة من شأنه أن يؤثر سلبا في تلقيهم للمساعدة الاقتصادية والعسكرية من الولايات المتحدة. (16)

سياسة غموض المركز النووي وابتزاز إسرائيل للولايات المتحدة

وإسرائيل، باتباعها لهذه السياسة، ساومت أيضا الولايات المتحدة وعززت موقفها في هذه المساومة وزادت من نفوذها فيها وفي الغرب عموما. وقال عدد من المحللين إن هذه المساومة وممارسة النفوذ بلغتا حد الابتزاز. (17) كانت الولايات المتحدة تلبي مطالب إسرائيلية بدون استعمال إسرائيل لورقة حيازة الأسلحة النووية. بيد أن هذه التلبية ازدادت سرعة وسخاء باستعمال هذه الورقة. عن طريق هذه السياسة دفعت إسرائيل الولايات المتحدة إلى التلبية السخية والسريعة للطلبات الإسرائيلية للأسلحة التقليدية الحديثة والمتطورة

والمساعدات المالية والاقتصادية الكبيرة وإلى إقامة الروابط الإستراتيجية والتعاون التكنولوجي العسكري والتأييد الدبلوماسي. لقد ذكرت إسرائيل دائما أن حالتها الأمنية معقدة، وزعمت بأن الأخطار العسكرية تهدد أمنها وبأن سباق التسلح بالأسلحة التقليدية ليس في صالحها وبأن الأسلحة التقليدية لدى العرب تهدد تفوقها العسكري. عن طريق حشد هذه الإدعاءات، التي تشكل مضامينها موضوعا للمناقشة، حولت إسرائيل موضوع الحيازة لأسلحة نووية إلى ورقة مساومة ضمنية ومريحة خلال الإتصالات الأمريكية-الإسرائيلية بشأن تلبية المطالب الإسرائيلية. لبثْ واشنطون طلبات إسرائيل المفرطة أحيانا كثيرة حتى لا تزعم إسرائيل بأنها تفتقر إلى الأمن فتهدد بأنها ستتجه إلى حيازة الأسلحة النووية، أو بأنها ستعلن عن حيازتها لها إذا رفضت واشنطون تلبية طلباتها.

"جنون" الدولة باعتباره ورقة للابتزاز

رأى بعض المحللين أن سياسة غموض المركز الإسرائيلي في المجال العسكري النووي شكلت ورقة للابتزاز في سياق إمكانية تغير الموقف الأمريكي المؤيد لإسرائيل. ذكر عدد من واضعي السياسة الإسرائيلية أن إسرائيل قادرة على التصرف بصورة غير مسؤولة وبصورة "جنونية"، مضرة بالمصالح الأمريكية في الشرق الأوسط ، إنْ غيرت واشنطون سياستها حيال هذه المنطقة أو إنْ تصرفت على نحو لا يعتبره ساسة إسرائيل مراعيا لمصالحها. والإعلان عن تحقيق الخيار النووي، أي الإعلان عن تحويل الخيار النووي إلى حيازة فعلية لأسلحة نووية، كان من الممكن اعتباره مظهرا من مظاهر هذا التصرف "المجنون". وبعبارة أخرى، فإن الإعلان عن تحقيق الخيار النووي، أي التخلي عن سياسة غموض المركز النووي، شكل إحدى أدوات الابتزاز التي كان يمكن لإسرائيل أن تستعملها إذا غيرت واشنطون موقفها المنحاز إلى إسرائيل. ووفقا لهذا المنطق، شجعت إسرائيل، بعدم إعلانها عن حيازتها لأسلحة نووية، واشنطون على عدم تغيير سياستها حيال الصراع العربي-الإسرائيلي لو كانت أرادت تغييرها، وتعين على واشنطون أن تحسب حسابات معدودة قبل أن تغير سياستها.

وكان من شأن إعلان إسرائيل عن حيازة أسلحة نووية أن يضايق واشنطون من ناحية أخرى. ما فتئ تقديم المساعدة إلى دولة حائزة لأسلحة نووية من شأنه أن يثير أسئلة متعلقة بالمشروعية والأخلاق، ما يسهم في توسيع نطاق المناقشة العامة لهذا الموضوع. (18) وكان من شأن إجراء مناقشة عامة حول هذا الموضوع أن يبين حقيقة حيازة إسرائيل لأسلحة نووية وحقيقة العلاقات الأمريكية-الإسرائيلية في السياق النووي. ولم ترد واشنطون إظهار هذه الحقيقة. وكان عدم رغبة واشنطون في إجراء هذه المناقشة جزءا من سياسة التستر الأمريكية على مركز إسرائيل النووي. وحتى لا تعلن إسرائيل عن حيازة أسلحة نووية ولتجنب إثارة أسئلة متعلقة بالمشروعية والأخلاق ولتفادي إجراء مناقشات عامة حول هذا الموضوع لبثْ واشنطون طلبات إسرائيل.

التهديد الإسرائيلي باستعمال أسلحة نووية

في الواقع أن الحالة التي كانت قائمة بين الولايات المتحدة وإسرائيل قد تجاوزت مسألة تحقيق الخيار النووي. كثير من الخبراء والمسؤولين في مختلف الحكومات، ومنهم عدد من واضعي السياسة الأمريكيين، اعترفوا علانية أو سرا بأنه تم تحقيق الخيار النووي. إن التهديد لم يعد تهديدا باجتياز عتبة الخيار النووي ولكنه تهديد بالاقتراب من حافة الاستعمال النووي.

إن إمكانية استعمال إسرائيل الفعلي لأسلحة نووية وقت الأزمة – ما يعني إزاحة النقاب عن حيازتها لها – حملت واشنطون أيضا على أن تلبي طلباتها العسكرية والتكنولوجية والاقتصادية حتى لا تتذرع بذريعة ضعف حالتها الأمنية فتلجأ إلى استعمال أسلحة نووية.

وثمة أمثلة على تهديد الحكومة الإسرائيلية باستعمال أسلحة نووية لحمل واشنطون على تزويدها بأسلحة متطورة. وكان أحد هذه الأمثلة البيان الذي أدلى به في كانون الثاني/يناير 1987 عاموس روبين بعد تعيينه مستشارا اقتصاديا لرئيس الحكومة يتسحاق شامير بوقت قصير. قال روبين "إن إسرائيل إذا تم التخلي عنها فلن يكون لها خيار سوى اللجوء إلى وسائل دفاعية أشد خطرا تعرض للخطر نفسها والعالم أجمع". وفسر روبين عبارة "بوسائل دفاعية أشد خطرا" بأنها تعني وسائل دفاعية نووية. واختتم بيانه بقوله إن ذلك "سبب ... آخر للزوم مواصلة الولايات المتحدة لتخفيف العبء الذي تحمله إسرائيل في إنزال قوى تقليدية ضخمة في الميدان". (19)

وثمة حالة أخرى لإمكانية الضغط النووي الإسرائيلي القوي على الولايات المتحدة خلال حرب تشرين الأول/أكتوبر 1973. ولهذه الحالة أهميتها في السياق التحليلي نظرا إلى أنها حدثت وسط أزمة فعلية من أزمات الحياة. وفقا لقصة نشرت في مجلة تايم في نيسان/ابريل 1976 فإن "القنابل [النووية] الثلاث عشرة لاسرائيل ... جمعت بعجلة خلال ليلة 8-9 تشرين الأول/أكتوبر 1973 ثم أرسلت إلى ترسانات الصحراء". (20) وكان لتلك الليلة مغزاها لأن الإسرائيليين كانوا لا يزالون عاجزين عن صد زخم الهجوم العربي الذي شن قبل ذلك بيومين.

وورد في مقال نشر في وقت لاحق في مجلة تايم أن الولايات المتحدة علمت باستعدادات نووية إسرائيلية عن طريق بيانات التقطتها طائرة تجسس من طراز إس آر-71. ذكر هنري كيسنجر، مستشار الأمن القومي الأمريكي، أنه في الساعة 1:45 صباحا أيقظه سمحا دينيتز، سفير إسرائيل لدى واشنطون، طالبا إعادة تزويد مستعجلة وعلى نطاق واسع لأسلحة تقليدية. كتب كيسنجر: "إن فكرة ... جالت في ذهني وهي أن الإسرائيليين لعلهم أرادوا أن يلزمونا ببرنامج محدد المواعيد لإيصال [الأسلحة] الآن". (21) وأفادت تقارير بأن كيسنجر اعترض على ذلك وذهب إلى سرير النوم حتى اتصل دينيتز به مرة أخرى بعد ذلك بساعة تقريبا.

وفي اجتماع عقد في الصباح المبكر أقنع دينيتز وملحقه العسكري، حسب رواية كيسنجر، بتغيير رأيه. كيف حققا ذلك؟ حققا ذلك، وفقا لرواية كيسنجر، عن طريق رواية جسامة الخسائر التي تكبدتها القوات الإسرائيلية في اليومين الأولين من الحرب. كتب كيسنجر: "أن ما كان دينيتز يبلغ به يتطلب إعادة تقييم جوهري للاستراتيجية. إن دبلوماسيتنا كلها وسياستنا في إعادة التزويد كانتا مكيفتين للانتصار الإسرائيلي السريع. وجرى الآن تخطي هذه الافتراضات". ووفقا لرواية كيسنجر، في نهاية ذلك الاجتماع "طلب دينيتز أن يراني وحدي

مدة خمس دقائق". (22) إن إصرار دينيتز على الاجتماع بكيسنجر وحده، على الرغم من أن المساعدين كانوا فعلا على علم بحالة إسرائيل المتردية، لا بد من أن يومئ إلى أن دينيتز كانت لديه رسالة ما لتبليغها كانت لها أهمية أكبر من أهمية الحالة العسكرية التي قدم عنها فعلا تقريرا إلى كيسنجر.

وكتب كيسنجر أن السفير الإسرائيلي انتهز تلك الفرصة ليخبره بأن رئيسة الحكومة غولدا مئير تعتقد بأن الحالة تبلغ من الخطورة ما ... تجعلها تغادر إسرائيل وسط القتال لتأتي لتدافع عن قضية بلدها. ويبدو أن رواية كيسنجر لما أعرب دينيتز عنه ضعيفة. ليس من المقنع القول إن هذه هي الرسالة الوحيدة التي أوصلها السفير الإسرائيلي إلى كيسنجر خلال الاجتماع الذي لم يحضره سواهما. ومن المحتمل أن ذلك الاجتماع كان اللحظة التي أوصل فيها التهديد النووي الإسرائيلي إيصالا صريحا أو، كما يبدو من المرجح ترجيحا كبيرا جدا، بالتلميح القوي. ومهما قاله دينيتز في تلك اللحظات فإن رسالته حققت الأثر المنشود، إذ وافق الرئيس ريتشارد نيكسون في وقت متأخر من نفس ذلك اليوم على إعادة التزويد بالأسلحة. (23)

إن إذعان الحكومة الأمريكية للضغط الإسرائيلي عن طريق التلميح إلى استعمال السلاح النووي أو التصريح به قد يكون ما كانت الحكومة الإسرائيلية تأمل في تحقيقه حينما تعاقدت أول مرة مع فرنسا في سنة 1957 على المساعدة الكبيرة في إقامة المرفق النووي في ديمونة ومصنع لإنتاج البلوتونيوم. إن فرانسيس بيرين، الذي كان مفوض فرنسا الكبير للطاقة النووية من سنة 1951 حتى 1970، كان مشاركا مشاركة قوية في هذه الخطط المبكرة. وقال في مقابلة أجرتها معه في سنة 1986 صحيفة صاندي تايمز الصادرة في لندن: "اعتقدنا أن القنبلة موجهة ضد الأمريكيين. وكان معنى ذلك أن الهدف ليس إطلاقها ضد أمريكا، ولكن القول "إنْ لم تريدي أن تساعدينا في حالة حرجة فسنطالبك بمساعدتنا، وإلا فإننا سنستعمل قنابلنا النووية"" (24)

سياسة غموض المركز النووي والرأي العام الدولي

وكان هناك دافع آخر على قدر كبير من الأهمية لهذه السياسة وهو أن إسرائيل تنحو في العادة منحى الغموض والتستر والتكتم. إنها تفضل تنفيذ سياستها وتحقيق أهدافها بهدوء وبدون صخب إذا أمكنها ذلك. كانت دول معينة تعلم بطبيعة النشاطات داخل المرافق النووية الإسرائيلية، وأرادت تلك الدول أن تعفى من الإحراج. وكان أحد أسباب تظاهر إسرائيل بأنها لا تحوز أسلحة نووية تمكين تلك الدول، ومنها الولايات المتحدة، من التظاهر بأنها تصدقها. تظاهرت تلك الدول بأنها لا تعلم. وأغمضت عينيها عما كان يجري. وسياسة غموض المركز النووي كانت ورقة التين التي تذرعت تلك الدول بها في عدم التفاتها إلى حيازة إسرائيل لأسلحة نووية. ولم ترد تلك الدول أن تفقد ورقة التين هذه بأن تعلن إسرائيل عن حيازتها لتلك الأسلحة.

هددت واشنطون مرارا وتكرارا بقطع المعونة المقدمة إلى دول لا تحوز أسلحة نووية ولكن يعرف عنها أنها تقوم بمحاولة استحداث أسلحة نووية، ولم يكن في وسع إسرائيل أن تستغني عن المعونة الأمريكية التي كانت تبلغ مليارات الدولارات سنويا. وللإبقاء على حجم هذه المعونة توجب على إسرائيل أن تتصرف على نحو يسمح للكونغرس بالتغاضي عن مشروعها النووي، وتمثل هذا النحو في اتباع سياسة غموض المركز النووي.

واتبعت إسرائيل سياسة غموض المركز النووي لأن الإعلان عن حيازة أسلحة نووية كان من شأنه أن يولد استياء لدى مختلف المحافل الدولية من اسرائيل وضغوطا عليها لإخضاع أنشطتها ومرافقها النووية لنظام الضمانات والتفتيش للوكالة الدولية للطاقة الذرية.

سياسة غموض المركز النووي وسعي الدول العظمى إلى
منع إقامة بنية نووية عربية

أسهم غموض مركز إسرائيل النووي في جهود الدول العظمى التي كانت ترمي إلى منع دول عربية من إقامة بنية أساسية نووية يمكن للعرب عن طريقها امتلاك خيار نووي ثم، إن قررت، تحقيق هذا الخيار، أي تحويل الخيار النووي إلى الحيازة الفعلية لأسلحة نووية.
واتصلت سياسة غموض المركز النووي الإسرائيلية بموقف الاتحاد السوفياتي من الحيازة الإسرائيلية لأسلحة نووية. كانت موسكو تعرف أن إسرائيل حائزة لهذه الأسلحة. وتسترت موسكو على هذه الحيازة تحسبا من أن تطلب منها بعض الدول العربية أن تمدها بأسلحة وتكنولوجيا متطورة لم تكن موسكو على استعداد لإمدادها بها، ما كان سيكون من شأنه أن يؤدي إلى إضعاف العلاقات بينها وبين تلك الدول. وأمكن لموسكو أن تتستر على حيازة إسرائيل لأسلحة نووية ما دامت هذه تتبع سياسة غموض المركز النووي. هذه الاعتبارات لعلها حفزت موسكو على أن تضع بهدوء مسألة التسلح النووي الإسرائيلي كلها تحت بساط العلاقات الثنائية بينها وبين الولايات المتحدة. (25)

سياسة غموض المركز النووي وزعزعة الاستقرار الإقليمي

كانت سياسة غموض المركز النووي الإسرائيلية أحد العوامل الهامة في زعزعة استقرار الشرق الأوسط، إذ دفعت تلك السياسة بعض دول المنطقة إلى محاولة إنشاء مرافق نووية، وبالتالي هددت تلك السياسة قضية عدم انتشار الأسلحة النووية في المنطقة.
ومما أسهم في درء خطر دخول الشرق الأوسط في سباق التسلح النووي أن تنبذ إسرائيل دون لأي حيازة الأسلحة النووية وأن تخضع مرافقها النووية لضمانات الوكالة الدولية للطاقة الذرية، ممهدة بذلك السبيل لإنشاء منطقة خالية من الأسلحة النووية عملا بمواد صكوك دولية كثيرة لنزع السلاح النووي، منها الفقرات 60 إلى 63 من الوثيقة الختامية للدورة الاستثنائية العاشرة التي خصصتها الجمعية العامة للأمم المتحدة لنزع السلاح (قرار الدورة الاستثنائية 2/10)، وعملا بأحكام قرارات الجمعية العامة التي اتخذتها في مختلف دوراتها، وعن طريق الانضمام إلى معاهدة عدم انتشار الأسلحة النووية سنة 1968.
ورد في ديباجة معاهدة عدم انتشار الأسلحة النووية التي أصبحت سارية المفعول في 5 آذار/مارس 1970 أن الدول الأطراف في المعاهدة تعتقد بأن زيادة الأسلحة النووية من شأنها أن تزيد خطر اندلاع الحرب النووية، وأن الدول الأطراف في المعاهدة تدعو، عملا بقرارات الجمعية العامة للأمم المتحدة، إلى إبرام اتفاق على منع مزيد من انتشار الأسلحة النووية، وتعلن عن نيتها أن يُحقق في أقرب وقت ممكن إيقاف سباق التسلح النووي وأن تتخذ تدابير فعالة باتجاه نزع السلاح، وتعرب عن الرغبة في تقليل حدة التوتر الدولي وتعزيز الثقة بين الدول من أجل تسهيل إيقاف صناعة الأسلحة النووية، وتصفية كل المخزونات القائمة منها وإزالة الأسلحة

النووية، ووسائل إيصالها من الترسانات الوطنية، وتذكر بأنه ينبغي للدول، وفقا لميثاق الأمم المتحدة، أن تحجم في علاقاتها الدولية عن التهديد بالقوة أو عن إستعمالها ضد السلامة الإقليمية والاستقلال السياسي للدول، أو بأي طريقة أخرى لا تتمشى مع أغراض الأمم المتحدة. (26)

وورد في الوثيقة الختامية التي اعتمدتها الجمعية العامة في دورتها الاستثنائية العاشرة المخصصة لنزع السلاح في حزيران/يونيه 1978 أن من التدابير الهامة لنزع السلاح إنشاء منطقة خالية من الأسلحة النووية في الشرق الأوسط، وأن من شأن إنشاء هذه المنطقة أن يعزز السلم والأمن الدوليين تعزيزا كبيرا، وأنه ريثما يتم إنشاء هذه المنطقة ينبغي لدول المنطقة أن تعلن رسميا أنها ستمتنع، على أساس التبادل، عن إنتاج الأسلحة النووية وأجهزة التفجير النووي أو الحصول عليها أو حيازتها على أي نحو آخر، وتوافق على وضع جميع أنشطتها النووية تحت ضمانات الوكالة الدولية للطاقة الذرية. (27)

وسنويا اتخذت الجمعية العامة قرارات فيها دعت إلى إنشاء منطقة خالية من الأسلحة النووية في الشرق الأوسط، وأعربت عن اقتناعها بأن من شأن استحداث قدرة نووية أن يزيد من تعقد الحالة في هذه المنطقة، وفيها أيضا دعت الجمعية العامة بلدان المنطقة إلى أن تعلن رسميا، ريثما يتم إنشاء هذه المنطقة وأثناء عملية إنشائها، أنها ستمتنع، على أساس متبادل، عن انتاج أسلحة نووية وأجهزة متفجرة نووية أو الحصول عليها أو حيازتها على أي نحو آخر، وإلى أن تخضع جميع أنشطتها النووية لضمانات الوكالة الدولية للطاقة الذرية.

(1) من المصادر التي تشمل هذه الأدلة كتاب Peter Pry, Israel's Nuclear Arsenal (Boulder, Colo.: Westview, 1984); Mark Gaffney, Dimona the Third Temple? The Story Behind the Vanunu Revelation (Brattleboro, VT: Amana Books, 1989); "Revealed: The Secrets of Israel's Nuclear Arsenal," Sunday Times (London), 5 October 1986.

(2) http://www.answers.com/topic/Ehud-Olmert.

(3) SIPRI Yearbook 1972: World Armament and Disarmament (Stockholm: International Peace Research Institute, 1972), p. 312; Yair Evron, "Israel and Nuclear Weapons," in Jae Kyu Park, ed., Nuclear Proliferation in Developing Countries (Seoul: The Institute for Eastern Studies, 1979), p. 124.

(4) S. Jaishankar, "The Israeli Nuclear Option," India Quartely, Vol. 34, No. 1, January-March 1978, p. 49; "Allon: Israel Won't Be First to Use Bomb," Jerusalem Post, December 26, 1974; Y. Rabin, An interview with the American Broadcasting Co., April 15, 1975.

(5) William Quandt, Decade of Decisions: American Policy Toward the Arab-Israeli Conflict, 1967-76 (Berkeley: Univ. of Calif. Press, 1977), p. 67.

(6) F. Jabber, Israel and Nuclear Weapons: Present Option and Future Strategies (London: Chatto & Windus for The Insternational Institute for Strategic Studies, 1971), note 4, p. 51.

(7) Victor Cohn, "Israel Says It Could Build Nuclear Weapons," Washington Post, 3, December 1974.

(8) Transcript, ABC News, "Issues and Answers," September 7, 1975.

(9) Y. Evron, "Israel and the Atom: The Uses and Misuses of Ambiguity, 1957-1967," Orbis, 17, Winter 1974; Ernest W. Lefever, Nuclear Arms in the Third World (Washington, DC: Brookings, 1979), p. 67.

(10) "Dayan Says Israelis Have the Capacity to Introduce A-Bombs," New York Times, June 25, 1981, p. 1.

(11) "Revealed: The Secrets of Israel's Nuclear Arsenal," Sunday Times (London), October 5, 1986.

(12) من نص المقابلة التي أجرتها صحيفة القبس مع الرئيس حافظ الأسد والتي أذاعتها إذاعة دمشق في 24 كانون الثاني/يناير 1987.

(13) William C. Potter, Nuclear Power and Nonproliferation (Cambridge, Mass.:Oelgeschlager, Gunn & Hain, 1982), p. 169.

(14) Gary Milholin, "Heavy Water Cheaters, Foreign Policy, No. 69 (Winter 1987-88), p. 116.

(15) Khalil Shikaki, "The Nuclearization Debates: The Cases of Israel and Egypt," Journal of Palestine Studies, Vol. 14, No. 4, Summer 1985, p. 82.

(16) Potter, op. cit., p. 135.

(17) Mark Gaffney, "Prisoners of Fear: A Retrospective Look at the Iarael Nuclear Program," American-Arab Affairs, No. 22, Fall 1987.

(18) Andrew Bilski, "A Case of Treason," Maclean's, September 14, 1987, p. 25.

(19) "Israel Needs More U.S. Aid to Spur Economy and Immigration, Economist Says," Christian Science Monitor, January 20, 1987, pp. 9, 14.

(20) "How Israel Got the Bomb," Time, April 12, 1976, pp. 39-40.

(21) Henry Kissinger, Years of Upheaval (Boston: Little, Brown, 1982), p. 491.

(22) المرجع السابق، ص ص 492-493.

(23) المرجع السابق، ص 495؛ وأيضا: Helena Cobban, "Israel's Nuclear Game: The U.S. Stake," World Policy Journal, Vol. V, No. 3, Summer 1988, p. 424.

(24) Noam Chomsky, <u>The Fateful Triangle: The United States, Israel and the Palestinians</u> (Boston, MA: South End Press, 1983), pp. 468-69.

(25) Cobban, <u>op. cit.</u>, p. 422.

(26) United Nations, <u>Treaty Series</u>, Vo. 729, Treaty on the Non-Proliferation of Nuclear Weapons (New York, 1974), pp. 169-71.

(27) الأمم المتحدة، الجمعية العامة، الوثائق الرسمية: الدورة الاستثنائية العاشرة، الملحق رقم 4، دإ-2/10 (نيويورك، 1978)، ص ص 10-11.

نبذة حياتية ومهنية عن المؤلف

Taysir Nashif earned a B.A. degree in Arabic language and literature and political science from the University of Jerusalem in 1964, an M.A. degree in Middle Eastern studies from the University of Toronto in 1968, and a Ph.D. degree in political science from the State University of New York at Binghamton in 1974.

He served as assistant and associate professor of Arabic language and culture at various academic institutions in New Jersey and Algeria. From Jan. 1980 to Dec. 1981, he served as a political affairs officer at the United Nations, NY. From 1982 to 2002, he served as a deputy chief and, then, a chief of the UN Arabic Verbatim Reporting Section. Besides administrative responsibilities, the job involved translation between Arabic and English, revising and editing of UN documents.

The author is or was a member in the following associations:
Middle East Studies Association.
International Political Science Association.
American Political Science Association.
American Translators Association.
American Association of Teachers of Arabic.
Third World Studies Association.
The American Council on the Teaching of Foreign Languages.

Taysir Nashif attended some of the annual conferences of such associations, where he haired panels or made presentations. Some of his presentations were included in their proceedings.

A number of books and scores of articles in both Arabic and English were published in the US, India, Canada, Lebanon, Jordan and Egypt. These publications deal with socio-political and cultural issues, such as social and cultural development, weakness of middle class in Third-World countries, rise and decline of civilizations, and ways to improve inter-cultural relations.

Published books

الأسلحة النووية في إسرائيل. بيروت: المؤسسة العربية للدراسات والنشر، 1990.
العرب والعالم في القرن القادم. الناصرة: منشورات الطلائع، 1998.
السلطة والحرية الفكرية والمجتمع. بيروت: المؤسسة العربية للدراسات والنشر، 2001.
الزعامتان السياسيتان العربية واليهودية في فلسطين: دراسة مقارنة. بيروت: المؤسسة العربي للدراسات والنشر، 2002.
مفكرون فلسطينيون في القرن العشرين. الناصرة: منشورات الطلائع.
السلطة والفكر والتغير الاجتماعي. عمّان: أزمنة للنشر والتوزيع، 2003.
النشاط الفكري والتغير الاجتماعي. عمّان: أزمنة للنشر والتوزيع، 2005.
مختارات من الشعر العربي المعاصر (حُرّر بالاشتراك مع قيصر عفيف). برينستن: منشورات الحركة الشعرية، 2006.
تلال وظلال. باترسين: دار الزيتون للنشر، 2007.

The Palestine Arab and Jewish Political Leadership: A Comparative Study. New York: Asia Publishing House, 1979.
Nuclear Warfare in the Middle East: Dimensions and Responsibilities. Princeton: The Kingston Press, 1984.
Nuclear Weapons in Israel. New Delhi: A.P.H. Publishing, 1996.
Government, the Intellectual and Society in the Third World. Kolkata: Academic Publishers, 2004.
Society, Intellectuals and Cultural Change in the Developing Countries. New York: iUniverse, 2006.
Weakness of Nuclear Deterrence in the Near East: Israel and Nuclear Weapons. Saarbrucken, 2010.
Social Justice and Intellectual Suppression. Bloomington, IN: AuthorHouse, 2011.
Breezes and Storms: Verse and Prose. Trafford Publishing, 2012.